宮台真司
福山哲郎

民主主義が一度もなかった国・日本

GS
幻冬舎新書
151

まえがき――バスに乗って走るということ

バスの喩え

政治の話をするとき、僕は乗り物のバスに喩《たと》える。運転手は乗客たちとの契約に従って運転している。乗客たちが国民にあたり、契約が憲法にあたり、運転手が統治権力にあたる。近代国家というバスの本義は、乗客たちが運転手に、その都度目的地を告げ、徹底監視し、文句を言うことだ。

ところが、敗戦後の日本は一応「近代国家」という建前なのだが、こうしたバスの在り方からほど遠かった。乗客たちは運転手に何もかも「お任せ」してきた。目的が自明（経済的豊かさ）だから、いちいち目的地を告げないし、ルートも運転の仕方も運転手の選択に委《ゆだ》ねてきた。それでうまくいった。

ところがうまくいかなくなった。バスが今まで走ったことがない場所を走るようになったからだ。経済的に豊かであり続けようとしてもルートはもはや自明ではない。幸せが経済的豊かさとイコールだった時代も終わった。自明さを前提にして運転手に「お任せ」しているわけにはいかなくなってきた。

乗客である我々は、運転手にその都度の目的地を告げねばならなくなった。目的地に向かって適切なルートをとっているのか、道路状況にふさわしい運転をしているのか、徹底監視せねばならなくなった。監視したうえであれこれ文句を言い、場合によっては運転手を取り替える必要も出てきた。

そう。我々は運転手を取り替えた。愚かなくせに「とにかく任せろ」という運転手を「乗客の指示に従う」という運転手に。だがそれからが大変だ。運転手も運転経験が乏しいなら、乗客たちも命令して監視する経験が乏しい。運転手のミスや乗客たちの頓珍漢《とんちんかん》でバスはあちこちにゴッツンコ。

そんなプロセスが始まった。「新政権の一〇〇日間ハネムーン」という言い方があるが、ミスリーディング。運転者は一〇〇日間でかなり上手になる。だが、今まで「お任せ」状態の乗客たちが、自分たちの大目的を定めたうえ、その都度の目的やルートを適切に指示できるようになるには、ずっと長くかかる。

下手をすると、いつまで経《た》っても大目的を定められず、その都度の目的やルートを適切に指示できない「自分自身」に、嫌気がさした乗客たちが、全《すべ》てを運転手のせいにして、頬被《ほおかぶ》りをしかねない。それどころか「考えないで、俺に任せろ」という馬鹿な運転手に、再び「丸投げ」しかねない。

こうした大きな危険を、乗客たちはあらかじめ弁《わきま》えておく必要がある。それには、具体的な勘違いの例を知ったうえで、「今は崖《がけ》やガードレールにゴツゴツぶつかる程度だが、やがてガードレールを突き破って崖下に転落するだろうこと」を生々しく実感する以外にない……そう僕は思っている。

そう思っていた矢先、千載一遇の機会が訪れた。天からの恵み、といいたいところだが、実は違う。僕と同じような懸念を抱いていた一人の政治家が、真の危険の所在について国民に告げ知らせるための書籍を一緒に出さないかと僕を誘ってきた。集中的な共同作業の末、本書が出来上がった。

極度の集中

九月一六日に民主党鳩山由紀夫内閣が発足して二週間経った一〇月上旬のある日、これから一〇年間のキーパーソンになる方ばかりが集まったパーティで、外務副大臣になりたての福山哲郎さんが隣にいらっしゃっておっしゃった。「ご相談なんですが、宮台さん、共著で本を出せませんかね」

福山さんが続けた。「というのは、この二週間ほど官僚の方々と遣《や》り取りを続けてきて、民主党が政権を取らなければ分からなかったいろんなことが分かったんですよ。例えば、こんなこととか、あんなこととか……」。とてつもなく面白い話だったので、僕はすぐに懐から携帯電話を取り出した。

電話をかけた先は、半年前に上梓《じょうし》した『日本の難点』（幻冬舎新書）の編集を担当していただいた穂原俊二さん。「……というようなわけで、幻冬舎新書から出していただけないでしょうか」「分かりました。企画はすぐに通しますので、直ちにとりかかりましょう」という具合に話が始まった。

問題は日程だった。予定された本の重要テーマの一つが「環境問題」なので、一二月半ばにコペンハーゲンで開催される気候変動枠組条約第一五回締約国会議（COP《コップ》15）の前に、どうせなら出したいと福山さんがおっしゃる。とすると実質二ヶ月だ。互いに多忙なのにそんなことが可能なのか。

穂原さんは翌日「企画が通りました」と電話をくださった。逆算すると一〇月二〇日までに執筆作業を全て終える必要があるという。一〇月一〇日の午前一〇時から夕方まで福山さんと宮台の予定が合致した。その日に七時間の対談をし、一週間後に上がったテープを起こした原稿に三日間かけて手を入れた。

企画の立ち上がりから出版まで二ヶ月もない文字どおりの緊急出版だった。僕としては一九八五年の地下鉄サリン事件の直後に出した『終わりなき日常を生きろ』に続いて二度目になる。久しぶりに徹夜を経験し――福山さんも同じだったというが――、ぎりぎりの作業を経て、本書の上梓となった。

だが、ご覧いただければ直ちに分かるように、本書は、巷《ちまた》の中身の薄い対談本とは、全く異なる。半年前に上梓した拙著『日本の難点』より、さらに濃密だ。理由は、福山さんと僕が何年間もずっとずっと話し合ってきたことが、それゆえに徹底的に洗練されたかたちで詰め込まれているからなのだ。

だから、本書は読み飛ばすことが難しい。そして、そのようには読んでほしくない。あまりにも大きな危険について、そうした読み方では理解できようはずもないからである。ゆっくりと反芻《はんすう》しながら読んで、民主党政権の誕生が我々にとって持つ「真の意味」を徹底的に弁えていただきたい。

仮の姿

福山さんとの出会いは二〇〇四年、京都で行われたシンポジウムの懇親会でのこと。参院選で二期目の当選を果たされて間もない福山さんが僕のところにいらっしゃって、あの人懐っこい笑顔で、宮台の本は全て読んでいて、話がしたくてやって来たのだ、とご挨拶《あいさつ》をいただいたのだった。

それからは途切れなく、福山さんと政治や社会についての話を続けさせていただいてきた。福山さんがお感じになったこと、お考えになられたことが、最先端の政治理論や政治哲学でどのように位置づけられるのかを、福山さんの問いかけに応じて投げ返すというのが、基本的な僕の役割だった。

京都の一流大学を終えられた後、就職した大手証券会社で営業成績全国一という実績を残された「酸いも甘いも弁えた御仁」が、単なる社交を超えて火傷《やけど》しそうにホットな学問的好奇心と探求心を示されるので、僕は心底驚き、こうした政治家もおられるのだなと、とても心強く思ったものだ。

やがて福山さんは、俗な言葉で言えばどんどん偉くなられるのだが、僕との間の関係や遣り取りは何の変わりもなく続いた。驚いたことに今年八月三〇日の総選挙で大勝利してからも変わりもなく続く。そう。福山さんにとって立場や役職は、世直しのための仮の姿でいらっしゃるのだろう。

僕は政治家が主催するパーティに出席したことが何度もあるが、福山さんのパーティに出席したときの驚きを忘れない。民主党を含めて政治家のパーティには利権に集う者たちの匂いがするものだが、各界の大物が集まっているにもかかわらず、まるで披露宴のようにハッピー感が満載なのだ。

福山さんは骨董《こっとう》品への造詣《ぞうけい》が深い。僕は男性政治家を値踏みする場合、第一に若者と接する際の態度、第二に接待を職業とする女性（芸者さん等）と接する際の態度を見る。福山さんほどこうした相手から尊敬される人を見たことがない。

僕は福山さんとの関わりを通じて、決しておべんちゃらを言ってきたわけではない。むしろ逆だ。民主党が、民主党の政治家たちの発言や行動が、いかに頓珍漢なのかを、口をきわめて罵《のの》るように語り続けてきた。それは政権を取ってからも変わらない。僕のホームページを見れば分かるだろう。

僕は民主党の支持者というわけではなく、自民党内にも親しい議員が何人もいる。民主党本部での勉強会でレクチャーするだけでなく、自民党本部での勉強会でもレクチャーを重ねてきた。僕には僕の政治についての考えがあり、それを聞きたいとおっしゃる方には、誰にでもお話ししてきた。

そうした僕のスタンスを福山さんは百も承知でありながら、いや百も承知でいらっしゃるからこそ信頼をしていただけているのだということが、僕にはよく分かる。だから本書では、普段から僕が福山さんに申し上げてきたような、福山さんが応答されるのが難しいような本音もぶつけている。

突然の出版企画を引き受け、本来なら不可能な強行軍を可能にしてくださった穂原俊二さん、いつもながら構成を担当してくださったフリーランスの編集者・河村信さん、またとあり得ない貴重な機会を提供してくださった外務副大臣・福山哲郎さんに、末筆ながら心から感謝を申し上げたい。

民主主義が一度もなかった国・日本／目次

第六章　閉ざされた政治空間 197

第一章　日本の政治、何が変わったのか？

ゾンビの退場

宮台　政権交代の意味する社会的変化の本質を、おさらいしましょう。僕の論点は二つあります。自民党が農村政党だったことと、自民党が日米安保体制にぶら下がっていたこと、この二つがあるがゆえに、自民党の崩壊はあらかじめ決まっていたのだということです。

農村政党とは、農業政党ということではなく、農村で集票する政党という意味です。正確には、農村から都市部への人口移動を通じて戦後復興ならびに高度経済成長を遂げる過程で、その中で動いている人たち全体の支持を受けるのが、自民党のあり方だったわけです。

農村の余剰人口を都市部に移転して産業化を遂げたアガリは、農村に公共事業＝土木工事を通じて再配分されました。やがて農村は農業より公共事業に依存するようになり、農村の基盤である農業が空洞化、集票装置として機能しなくなりました。

これは、自民党が農村政党であるがゆえに、いずれはそうなるに決まっている道をたどっただけです。その意味で、今回の政権交代は、時限装置が働いただけだとも言えます。ただし本来でしたら九二年ごろに、時限装置の働きで自民党は自壊していたはずなのですが。

九一年にバブル崩壊があり、九二年から「就職氷河期」が始まります。絶対得票率分析をやりますと、自民党の農村での基礎票がそれ以降一貫して減っています。自民党の「終わりの始まり」です。早くも九三年に政権交代としてそれが表れました。

ところが民意が成熟していなかったと言うべきか、細川政権は政治改革三法案——その中に九六年から施行される小選挙区比例代表並立制に関わるものが含まれていましたが——を通した途端、何をやればよいのか分からなくなり、些細《ささい》なスキャンダルで崩壊してしまいました。

それ以降の一五年間の自民党政権は「ゾンビ現象」でした。本当は終わっているはずのものが、偶発的な事情で生き延びてしまっただけの話だと考える他はない。本当は終わっていることは、対米追従と国土保全が両立しなくなっていることに表れていました。

第二次竹下内閣における農産物輸入自由化。日米構造協議で受け入れた四三〇兆円公共事業、文部省によるTRON配布中止、大規模店舗規制法緩和。年次改革要望書スキームを通じた建築基準法改正、郵政民営化、裁判への市民参加。全《すべ》て米国の要求がきっかけです。

日本の「製造業一人勝ち」が背景にあります。米国の対日姿勢の変化で、経済面については米国の「内政干渉」を受け、政治面では九六年の2プラス2合意以降の安保変質——日本が脅かされる有事に限らず米国が必要だと考える国際軍事戦略に協力せよ——を被りました。2プラス2とは、安保条約に定めのある安全保障協議委員会です。

こうした流れは、孫崎享《まごさきうける》・外務省元国際情報局長が言うように、安保にぶら下がって経済成長を遂げる日本の国力をそぐことを目標にした米国の外交戦略でした。だから「有事には守ってもらうのだから」と米国の要求を呑《の》むと、農村をはじめ国土が疲弊《ひへい》するのです。

とはいえ、コロンビア大学教授のジェラルド・カーティスも言うように、米国が強権的に何かを日本に押し込んだのではない。政治学でいう括弧《かっこ》付きの「内政干渉」、つまり米国の要求を口実に自分たちの権益を拡張しようとする利権勢力が日本側にいたにすぎません。

だから、確かに米国が呑んだ日本からの要求はほぼ皆無で、日本が米国からの要求を呑みまくっているとはいうものの、例えば年次改革要望書の膨大なリストの一部を、経済財政諮問会議に代表される勢力がピックアップしたにすぎません。

ただ、そこで使われる図式が重要です。「いざとなったら日米安保体制を前提に米国に守ってもらうのだから」という図式が、米国の要求を口実に権益を維持したり拡張したがる勢力——中には外務省のアメリカスクールも含まれます——を支えてくれてきたわけです。

繰り返しますが、別に米国が安保体制を脅しの材料に使ってネジ込んできているわけではない。だから鳩山由紀夫首相が「対等な外交」を掲げると、米国側は「なに言ってるんだ、初めから対等じゃないか」という反応になるわけです。反応自体は当然のものです。

福山　そうですね。

宮台　いずれにせよ、「いざとなったら守ってもらうんだから」という図式が機能する背景には日米安保体制があります。この図式の下、「自民党が農村政党であるがゆえの時限装置」に

「自民党の対米追従が招く国土疲弊」が追討ちをかけ、自民党は集票母体を自ら破壊しました。

福山　なるほど。ただ、自民党の議員がどれほど自覚していたかは疑問ですね。

宮台　むろん自覚は皆無。こうしたことが明らかになった九三年に自民党は終わったと思ったわけですが、細川内閣後、「ゾンビ現象」が一五年も続いてしまった。その意味で「今さら感」はあるものの、今般、政権交代が起こったことは、喜ばしい。やっと「ゾンビ」がいなくなったんでね（笑）。

「ゾンビ復活」の可能性は、残った人材を見る限り、ないでしょう。公共事業＝土木権益を引っ張ってくる「有力者」ではあるものの、国会質問能力という点では爆笑もののロートルや二世議員の類《たぐい》が、比例名簿の上位だったせいで続々と復活当選したのですからね。

これらロートル議員たちが小選挙区で負け込むほど自民党が衰退しているのであれば、比例復活すべきなのは世代を交代させる新しい議員であるべきです。それなのに比例名簿の上位に雁首《がんくび》ならべ、衰弱した自民党の世代交代を抑止する。恥知らずもいいところです。

現代政治の基礎知識

宮台　それを押さえたうえで、現代政治を理解するための四象限図式を説明します。第一軸は、二〇世紀に先進国に限らず多くの国で生じた政治の変化を理解するための「権威主義（国家主義）か参加主義（市民主義）か」です。権威主義から参加主義へと変化しました。

第二軸は、米国的なものと欧州的なものの違いを理解するための「市場主義か談合主義《コーポラティズム》か」という軸です。現在の日本では談合が悪いイメージになりましたが、そのイメージを横において「談合主義」と呼びます。これら二つの軸を掛け合わせて四象限できます。

福山　はい、この図ですね。（図1）

■図1

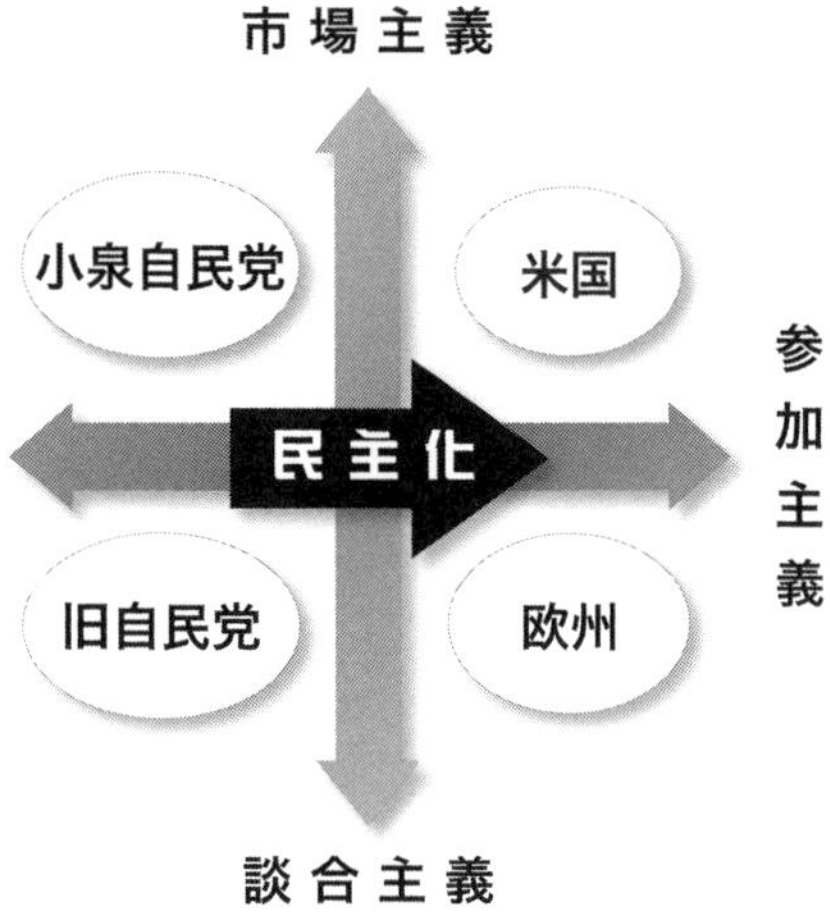

宮台　二〇世紀に大規模に生じた「権威主義から参加主義へ」の流れを一般に「民主化」といいます。民主化が進んだ結果、米国の国際戦略も変化しました。二〇年前に比して米軍基地が三分の一に減ったのも、基地を置いてくれる独裁政権がなくなったからです。基地が激減した結果、沖縄基地の「米国にとっての」重要性が飛躍的に増しました。これは日本の交渉力を上げる機能を持ちます。ラムズフェルド国防長官（当時）による再編《トランスフォーメーション》

推進は、基地の激減によって余儀なくされた戦略転換でもあるんですね。

「民主化」もできない日本

宮台　日本だけがなぜか「権威主義から参加主義へ」の舵《かじ》を切れていません。ただし「市場主義か談合主義か」について言えば、旧自民党の「談合主義」から小泉自民党の「市場主義」へとシフトしかけました。あとでも言うように、これは最悪のシフトなのですがね。

さて、先進各国は日本を除けば例外なく、「権威主義」ならざる「参加主義」です。でも、米国は「参加主義的─市場主義」で、欧州は「参加主義的─談合主義」です。特殊なのは米国型です。米国は宗教国家だから「参加主義的─市場主義」でやれるわけです。

米国の場合、「事前的参加主義」と「事後的参加主義」があります。共和党が「事後的参加主義」です。市場の負の外部性（否定的帰結）──格差拡大など──があっても、それを補完するアメリカンスピリットがあるのだから、それをスポイルする国家的介入をやめろという保守的発想です。

アメリカンスピリットとは、ロバート・N・ベラーのいう市民宗教です。詳しい話は省きますが、教会や、キリスト者を中核とするようなNPOやボランティア団体、キリスト者が形づくる相互扶助的な家族が、市場での敗残者をちゃんと受け止めるという信念です。

　実際、食うに困る人々が膨大にいながら、教会の炊き出しに行けば、日本の炊き出しよりも遥かにうまいものが食える。それは教会の財政が潤沢だからです。潤沢さを支えるのは富裕層の寄進や寄付です。寄進や寄付を支えるのもキリスト教に由来する市民宗教です。

福山　それに加えてNPOが活動するに足る集金システムも整っていますね。

宮台　寄付税制ですね。他方、米国の民主党は「事前的参加主義」です。市場に参加する前提としての「機会の平等」を重視します。同じスタートラインに立てるように、親世代の勝ち負けが子世代に持ち越されないように、高額相続税を含めた再配分を主張します。

　だから、米国の民主党がいう再配分は、少なくとも理念としては「市場主義」と矛盾しません。「市場主義」が正当性を失わないよう公正《フェアネス》を担保するための事前的再配分──「市場主義」を守るための再配分──という理念だからです。

福山　なるほど。それも自民党は自覚していない。のちほど詳しく話しますが、「子ども手当」や「高校の実質無償化」は、その機会の平等を確保するための政策なんです。

宮台　これまた自覚は皆無（笑）。欧州は「市場主義」ではなく「談合主義《コーポラティズム》」です。「談合主義」は、労使協調主義と訳されてもいましたが、それに限らず、社会集団がセクターごとに組織されて政治システムに組み込まれていることを意味します。典型的には「ボス交」ですね。

　欧州の談合は「参加主義＝オープン」で、日本の談合は「権威主義＝密室」で密室談合。自

■図2

民党政治は「権威主義的―談合主義」で、これは談合主体が共同体から信頼されれば機能しますが、信頼を失えば「誰かがどこかでウマいことを……」の疑心暗鬼が蔓延《まんえん》します。（図2）実際に蔓延したから小泉改革で「権益打破＝談合打破」となって市場主義化します。本当は「参加主義的―談合主義」にシフトするべきでした。談合主義とは再配分主義ですが、必要なのは「権益を排除した再配分」なのに、小泉改革は権益排除＝再配分停止となりました。

　また密室談合は、政官財「鉄のトライアングル」内の「貸し借り（前回はアンタに譲ったのだから今回は……）」のオンパレード。社会が単調に富裕化する時代は良いとして、グローバル化状況では、「貸し借り」にとらわれれば過去に拘束され、流動的な環境への適応力や学習力を失います。

　多様なセクターの人間たちが、誰の目から

も見えるところで、異議申し立てに開かれた協議をして、再配分を決めていくような方向でなければ——つまり「参加主義」でなければ——「談合主義《コーポラティズム》」は回らなくなりました。ところが自民党政治は密室談合を続けてきました。

反転する「保守」

宮台　今回の総選挙で自民党がしきりに「自民党だけが唯一の保守政党だ」と喧伝《けんでん》していましたが、爆笑しました。なぜならば、日本では、冷戦体制が終われば、保守の概念は構造的・歴史的な理由で、全く機能しなくなるからです。

欧州で保守といえば、フランス革命つまり「市民の自由」を懐疑します。フランス革命の只《ただ》中《なか》で思考したエドマンド・バークの保守主義に由来する伝統です。米国で保守といえば、独立革命つまり合衆国憲法が保障する「市民の自由」を護持します。

逆に、欧州でリベラルといえば「国家（による決定）」を懐疑して「市民（による決定）」を称揚します。米国でリベラルといえば「市場（による決定）」を懐疑して「国家（による決定）」を称揚します。つまり米国と欧州はおおむね逆向きなのです。

「自由」の概念も両者で違います。欧州のリベラルが称揚する「自由」とは「市民（による決定）」のことで、政治的な参加を意味します。米国の保守が称揚する「自由」とは「市場（による決定）」のことで、経済的な自由を意味します。

欧州と米国の保守の共通項をあえて挙げると「国家介入を排した社会保全」です。欧州では「市民の自由」が「国家介入」への希求をもたらすことへの「ファシズム批判」があり、米国では「国家介入」が宗教的自発性をスポイルすることへの「国家批判」があります。

ちなみに、米国では、リベラルが「国家による決定＝国家による再配分」の称揚なので、「リベラル＝左翼」というイメージになりがちです。なので、米国では周期的に、リベラルという言葉が「共産主義者」と同じような否定的な意味を持つようになるんですね。

日本には、欧州的保守も米国的保守もありません。自民党は世界にも稀《まれ》な「再配分保守」で、農村を保守するどころか、徹底的に疲弊させました。辛うじて冷戦体制下では「共産主義の脅威から守る」という大義があったのですが、それも九一年のソ連崩壊で消えてしまいました。

日本にあるのは右翼だけ？

宮台　ちなみに、欧州と米国とに共通する保守の要素は「悲劇の共有」です。フランス革命における理性の暴走という「悲劇の共有」に由来するのが、欧州的＝バーク的保守。アングリカンチャーチによる抑圧という「悲劇の共有」に由来するのが、米国的＝宗教的保守。

日本の「保守」は、自明性に埋没した思考停止か、国旗国歌に噴き上がる思考停止で、「国家介入を排した社会保全」に頭を使う真の保守から遠い。慣れ親しみに浸る没理念の人と、土建政治や国旗国歌を含めて国家介入が当然と思う人の合体で、国家の恐ろしさに関わる「悲劇の共有」がない。

日本には保守はなく、あるのは右翼だけです。右翼とは何か。マックス・ウェーバーは『職業としての政治』で政治倫理を擁護します。政治共同体の運命を切り開くべく市民の法を踏み越え、血祭りに上げられる覚悟。帰結を操縦すべく「何でもする」覚悟です。

血祭りに上げられても構わない、という覚悟は非合理です。通常の意味では個人の利益にならないことにコミットするのですからね。でも、この非合理を擁護するのが右翼です。ウェーバーは右翼を——右翼という言葉は使わなかったものの——学問的に初めて基礎づけました。

保守は「平時の思考」、右翼は「非常時の思考」です。平時は「慣習や伝統の暗黙知を尊重する」でよいとして、これを破壊する敵が出現した非常時はどうか。この時「法を破っても共同体を守るぞ」という構えを持つのが右翼。だから保守は必ずしも右翼を意味しない。

他方、「共同体を守る」という概念は過剰に抽象的で、伝統や慣習を含まなくても、「仲間たちの命を守る」だけでもいい。だから右翼は必ずしも保守を意味しない。ちなみにウェーバーの議論は、ナチスの御用学者カール・シュミットの「例外事態論」に継承されます。

日本に保守概念が存在せず、右翼概念だけ存在する背景には、天皇制があります。天皇制が保守概念を分からなくさせます。鎌倉時代以降、体制が根底から変わっても、天皇を立てて「国体は変わっていない」とする。つまり虚数的なものを持ち出して不変性を納得してきました。

これは欧米にはない営みです。だからこそ、後南朝や維新政府や明治民権派や二・二六青年将校を含めて、体制変革者が天皇をかつぐのです。さて、天皇をかついで体制を変える者は保守か。これは解けない謎です。こうした問題が分からない輩《やから》には右翼も保守も語れません。

市場主義の勘違い

宮台　小泉＝竹中政治が、権益まみれの密室談合を打破するという名目で、「談合主義＝再配分主義」を放棄して「市場主義」に舵を切ったと言いました。ところが、「市場主義」が適切に機能するためには「参加主義」が必要なのです。ここに無教養な勘違いがありました。

先に紹介したように、市場の「負の外部性」を「事後に」補完する市民宗教が「共和党的な参加主義」だとすれば、市場の前提となる「機会の平等（同じスタートライン）」を「事前に」確保すべく再配分を要求するのが「民主党的な参加主義」になります。

小泉改革はどうだったか。一口で言えば「権威主義的—市場主義」でした。「市場主義」が適切に機能するには公正《フェアネス》さが必要で、「機会の平等」が市場の正当性を担保します。東大に金

■図3

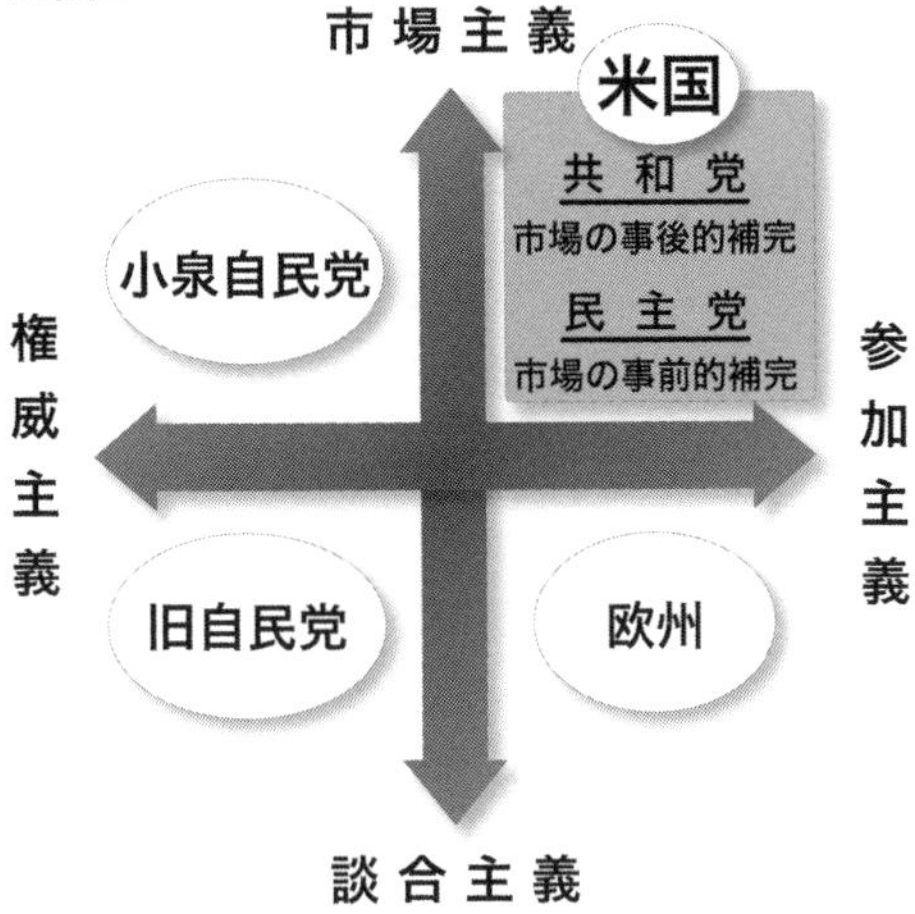

持ちだけが入るような状況が続けば「市場主義」は正当性を失ってしまうのです。

「市場主義」の公正《フェアネス》さを求める動きは「参加」によって与えられます。小泉＝竹中政治は「規制を緩和し、市場に任せれば、社会がうまく回る」というデマゴギーに市民を依存させました。なのに米国のような「参加主義」による「事前／事後」の補完が皆無でした。（図3）

こうした「権威主義的―市場主義」は今日では後発国ないし後進国にしか見られません。日本のマスコミは無教養すぎて、既得権益打破と再配分撤廃を同一視し、再配分重視を既得権益温存と同一視する、という愚を犯し、小泉＝竹中政治的なデマゴギーを後押ししました。

幼稚園児でも分かることですが、宗教社会がない日本では米国流「市場主義」は無理で、欧州流「談合主義」しかあり得ません。その場合、必要なのは「既得権益を排除した再配分」です。既得権益団体にカネを回し、そこにぶら下がる連中にカネを回す自民党図式がいけないのです。

不適切なグローバル化批判

宮台 再配分の合理性と言いましたが、いろんな合理性があります。弱者を補完する合理性。モラルハザードを避けるべく、弱者ではなく動機づけを持つ者を補完する合理性。個人の自立ではなく社会の(国家からの)自立を補完する合理性。他にもいろいろあります。

今日最も重要なのは最後に述べた補完。つまり社会の自立のための補完です。グローバル化が進んだ今日、国家の役割は社会の自立を支えることだというのが政治学的常識であり、かつ日本を除く先進各国の共通の政策的方向性です。「社会投資国家」といいます。

説明します。先日英語で各国に配信された鳩山論文のグローバル化批判は、二点で不適切です。第一に、世界銀行の統計を見てもグローバル化で豊かになった国や地域が多数あるからです。グローバル化批判は「持てる者たち内部の格差批判」にすぎません。

第二に、EU統合の際、反グローバル化のフランスと、グローバル化推進の英国との間の論争を経て、「グローバル化が悪いのではなく、グローバル化が個人を直撃する社会的包摂の欠如がまずい」という話になった経緯を踏まえていないからです。

問題の英訳配信論文は、祖父・鳩山一郎の「友愛」概念をフックとして自分の理念を語るために書いた日本語論文がベースです。英訳配信はそこがすっぽり抜け、いきなり「米国の市場原理主義者がグローバル化によって日本をはじめとする世界を破壊した」と始まる。

これは政治学的常識と違いすぎます。こうした恣《し》意的抜粋を抑止できなかったのは、鳩山由紀夫さんサイドの危機管理の問題です。政治学のキーワードである「包摂」も「相互扶助（友愛）」も鳩山さんの十八番なのですから、ちゃんとブレインのチェックを経るべきです。

「社会投資国家」が目指すべき方向だとすれば、これは「親が子に対し、親離れするよう援助する」のに近い。でも「親離れのための援助が、親への依存を招く」愚に陥りやすい。親への依存は親にとっては権益にもなり得ます。親とはむろん政治家や官僚のメタファーです。

こうした困難にチャレンジすることが、グローバル化に晒《さら》された先進各国政府の共通課題です。この時、それを「社会の自立の支援」だとして肯定するべきか、「社会の国家への依存」だとして否定するべきかが、截然《せつぜん》と分かちがたいがゆえにこそ常に問題化します。

私見によれば、前者が民主党が向かうべき「リベラル政党」としての方向性であり、後者が自民党が向かうべき「保守政党」としての方向性です。「それは依存ではないか」と絶えず批判的眼差しの対象にすることが、日本で論理的に可能な唯一の保守の方向です。

なぜ、民主主義は日本に根づかなかったのか？

宮台　もう一つ、あとの議論につながる重要なポイントですが、日本にはなぜ「権威主義＝任せる政治」ばかりで、欧米流の「参加主義＝引き受ける政治」が根づかないのか。背景には、少なくとも四〇〇年ほど——一七世紀まで——さかのぼる、長いガバナンスの伝統があります。

今回の総選挙でも、選挙前には「民主党に任せられるか」という議論が、選挙後は「お手並み拝見」という態度が拡《ひろ》がります。自ら引き受けるものとして政治を捉《とら》える伝統がない以上、仕方ありません。「任せる政治」は、一七世紀以降の江戸幕府の治世の成功に由来します。

日本の選挙民は治世の自明性に埋没し、肯定性ではなく否定性に反応しがちです。お灸《きゅう》を据える選挙が高い投票率になります。政策に投票するのではなく、「任せてたのにズルしやがって」と憤激して投票する。〇五年郵政選挙では「抵抗勢力が悪い」。今回は「官僚が悪い」。

そもそも「自民党にお任せ」することで「官僚にお任せ」してきたのは誰か。小泉＝安倍的な「断固・決然」にカタルシスを得て、「二〇年遅れの冷戦図式」よろしく自民党を保守だと思い込んできた「2ちゃん系ウヨ豚」は誰か。悪いと言うなら、悪いのは有権者自身です。

とはいうものの、日本の有権者も最近は政策に興味を持つようになりました。良いことです。ただ、政治家の才能には、政策の方向と、政治過程の方向と、二つがあります。逆に、政治過程に対する関心が薄くなるのはまずいだろうと思います。

政治過程とは、政策を実現するためには、どんなボタンをどんな順番で押せばいいかという知恵です。「政策を実現する手段として政治過程がある」のが本義です。従来の自民党には「政治過程で勝つために政策がある」という、実に本末転倒的な政策の空洞化が見られました。

他方、民主党には「政策はあるが立ち回りは素人」という政治過程の未熟が見られました。党内にも、政治過程には素人だが政策に長《た》けた「松下政経塾系」と、政策に関心が薄くて政治過程に長けた「小沢一郎系」とがいますが、両者が連携しなければいけません。

「お任せ政治」の歴史のせいで日本の有権者は政策論議について素人です。世襲政治家が多いことに見られるように、有権者と政治家が別世界で生きてきましたので、有権者は政治過程についても素人です。有権者は、政策と政治過程の双方で民度を上げる必要があります。

「お任せ政治」の終わり

宮台　有権者と政治家の分断は、地方政治において日本では専業政治家が専らであるのが背景です。米欧では地方政治とりわけ基礎自治体の政治は、普通の生活者が、仕事が終わって一八時や一九時から、三時間ないし四時間、議会に参加するのが、ノーマルな形式です。

そうやって基礎自治体の政治に関わり、やがて都道府県や道州の政治に関わり、最後に国政というのが当たり前のかたち。新聞記者も、市町村の新聞から全国紙に上がっていくのが普通。

これであれば、国政の議会は、政策にも政治過程にも長けた政治家だらけになります。先ほども申し上げたように、日本の政治家は、地方政治であれ国政であれ、権益のパイプを持つ有力者であることが期待されてきました。パイプを持つ有力者の子であれば、やはりパイプを持つ。だから、二世議員を選ぶのは、日本では完全に合理的選択だったわけです。

ところが、密室談合の時代は終わった。「お任せ政治」は終わった。これからは参加の時代だ。「引き受ける政治」の始まりだ。そうなると突然、有力者ではなく、政策を実現する人を選ばなければならなくなりました。最初は勝手が分からないのは仕方ないことですね。

福山　宮台さんのお話を伺って、全く異論はないのですが、やはり自民党のある種の限界、九〇年代の頭から、農村を含めた自民党のいわゆる集票装置というか、拠《よ》って立つ基盤が崩れ出していたというのは、構造的にはたぶんそのとおりですね。ただ、その時には選挙制度がついてきていなかった。中選挙区という制度の中では結果として、選挙区で四分の一程度の票をもらえれば、当選できる人ばかりでした。カネもかかるし、政治改革だ、という議論が細川政権で結実し、九六年の総選挙が小選挙区制度による一回目の選挙になるわけです。ただ、さっき、宮台さんが市民に情報も知識もないとおっしゃいましたが、投票者の性向というか、いったいどういう基準で何を以《もっ》て政治家を選択すればいいのかという投票行動のための情報は、選挙制度が変わってもほとんど変わらなかった。今まで自民党しか選択肢がないわけですから、そこで急に小選挙区制度が導入されても、中選挙区時代の名残りがずうっと残っていた。

そこで、それが権威に対する投票なのか、宮台さんの言葉で言えば参加としての投票なのかが曖昧《あいまい》な中で、ただ中選挙区はカネがかかりすぎるから、小選挙区にしますよと。だから、九六年の最初の小選挙区制度による総選挙では、政権交代可能だというようなことは理屈はともかく国民の感覚としてまだピンときていないわけです。

つまり、カネがかからないから、政治に対する不信があるから、利権政治やめなきゃいけないから、という流れの中で小選挙区が導入されたわけですが、それがどう政権交代につながるのかということの認識の共有を見ないまま、スタートしました。

宮台　そうですね。

福山　九六年を境に、政党が離合集散を繰り返す小選挙区が始まるわけですよね。だからあの時、自民党・新進党・民主党・共産党・社民党……。

宮台　さきがけ。

福山　さきがけ、私が最初に足を踏み入れた政党です。

結果としては新進党が分裂をする。割れる……。政党が離合集散を繰り返す中で、現在の民主党の原型が誕生します。

政権交代までの長い道のり

福山 結局、今回の政権交代が起こるまでに、九六年に小選挙区が始まって一三年かかるわけですね。衆議院選挙だけで言うと九六年、二〇〇〇年、〇三年、〇五年、〇九年と、五回経るわけですよ。この中で徐々に二大政党化していきます。政治学に「n＋1」の法則というのがあって、nは政権選択選挙における各選挙区の定数です。存在する政党数は徐々に「n＋1」に収斂《しゅうれん》するというものです。つまり小選挙区制はnが「1」ですから政党数は2、つまり二大政党制に収斂していくわけです。二大政党化は自明のことでした。政権交代というのは実は総理を選ぶ選挙であると。幾つかの強力な業界団体と後援会組織が固まって有権者の四分の一の票を獲得すれば自動的に当選する中選挙区ではなくて、相当広範囲に、五一対四九で五一を取らなければ選挙に勝てないという小選挙区に変わってきたわけです。

そうすると今までのように四分の一を取っていれば当選した人、宮台さんが先ほど言われたように、ある種の権威と世襲と、国とのパイプでカネを持ってきますよという、配分される利益に依存した人たちだけの票で当選していた人には、ハードルが急に高くなるわけです。

ハードルが高くなると、より幅広く有権者に対して、カバーできる政策だとか理念だとか、さらには政治家の姿とか、どんな行動をとるかまでも含めて示さないと、五一パーセントの得票はできません。ようやく政治家の新陳代謝、政治家のスクリーニングがなされる環境が整っ

民主党と自民党の比較

		民主党		自民党	
		得票数	議席数	得票数	議席数
選挙区	2003年 衆院選	2181万	105	2609万	168
	2004年 参院選	2193万	31	1969万	34
	2005年 衆院選	2480万	52	3252万	219
	2007年 参院選	2401万	40	1861万	23
	2009年 衆院選	3348万	221	2730万	64
比例区	2003年 衆院選	2210万	72	2066万	69
	2004年 参院選	2114万	19	1680万	15
	2005年 衆院選	2104万	61	2588万	77
	2007年 参院選	2326万	20	1654万	14
	2009年 衆院選	2984万	87	1881万	55
（参考）	2001年参院選 選挙区	1318万	20	2230万	44
	2001年参院選 比例区	1322万	12	2111万	20

福山哲郎事務所 作成

てくる。それで五回の選挙を経てやっと政権交代が実現したということです。

二〇〇〇年代に入ってからの五回の衆参の国政選挙において、比例区の得票を見ると、自民党は〇三年、〇四年、〇五年、〇七年、〇九年と、約二〇〇〇万票、一六〇〇万票、二五〇〇万票、一六〇〇万票、一八〇〇万票となっていて、実は小泉郵政選挙で二五〇〇万票を獲得し、圧倒的に強かったとき以外は、二〇〇〇万票を切るか切らないかの得票政党にまでなり下がっていたんです。（表参照）

宮台　別の言い方をすると、二一世紀に入ると、自民党という政党は、ポピュリズム（人気主義）を煽《あお》って、無党派層ないし浮動票をかき集める以外に勝ちようがなくなっていたということになりますね。

福山 そうなんです。風に頼る政党は実は自民党だったんです。

宮台 逆に言うと、基礎票は、自民党よりも民主党のほうが分厚くなっていたわけですね。

福山 ええ、実は、民主党は安定的に二〇〇〇万票以上の票を比例で獲得する政党に変わっていました。ところがマスコミはいつまで経《た》っても、常に自民党には組織票があり、民主党は風頼みだといってきたわけです。

宮台 そうでしたね。マスコミの政治部記者がいかに低レベルであるかがよく分かります。

福山 惨敗だといわれた〇五年の小泉郵政選挙でも、民主党は小選挙区で当時では史上最高の得票をしてるわけです。

宮台 そうですね。神保哲生《じんぼうてつお》氏とやっているインターネット配信のビデオ・ニュース、「マル激トーク・オン・ディマンド」でも繰り返し扱わせていただきました。

福山 確かに郵政選挙で自民党は圧倒的に勝つんですが、しかし、それが、異常な事態だったんです。

あの選挙で、約八パーセント投票率が上がった。そのほとんどが自民党の候補者に投票したわけですが、まずは宮台さんがいつも言われている二〇代、三〇代の新たな世代を動員しました。それからもう一つは主婦層、ワイドショー世代の主婦層を投票に向かわせて小泉さんは選挙に勝った。八パーセント上がるとだいたい約八〇〇万票増えるわけですが、約八〇〇万票の内の約六〇〇万票が自民党に乗ったわけです。この約六〇〇万票は、いわゆる新規の無党派層です。

六〇〇万票が乗るということは、全部で三〇〇選挙区ですから、平均すると一選挙区に二万票です。小選挙区で一選挙区につき二万票乗るということが、どれほど大きいことか。我々としてはその六〇〇万票をどうこっちへ持ってくるかが、今後の選挙の結果を占うと考えました。民主党が〇五年の惨敗の直後にやったかなり詳しい調査によると、彼ら新規無党派層は「次の選挙では自民党に投票するかどうか分からない」と言っていたんです。つまり彼らは小選挙区の意味合いを四回目の選挙で徐々に分かりつつあって、これは業績投票だと。郵政民営化の結果次第では、次は自民党に投票するかどうか分からないよという意思表示が、もう〇五年選挙の直後にあったわけですね。

そしてその後の四年間はどうなったかというと、まさに宮台さんが言われたことが如実に、社会全体の中で、特に自分らの見える景色の中で起こってきたのではないでしょうか。今回の選挙では郵政選挙とほとんど投票率が変わらなかった。つまり、あの六〇〇万票がそのまま民主党に移動したとも言えるんです。

IQが低くて経済的弱者でないのは誰だ

宮台　敢えて一つだけ補足しますと、竹中平蔵が関わっていた調査会社が、〇五年の総選挙の前にあるレポートを出していて、これがネット上に流れ、これについては国会質問もありました。

福山　流れましたね。私は現物を手に入れていました。

宮台　「IQが高いか低いか」という軸と、「経済的弱者であるかないか」という軸を、クロスさせた四象限図式を使って、動員のターゲットは「経済的弱者でないけど、IQが低い人」だと書かれていた。「IQが低い」というのは竹中平蔵コネクションの調査会社が書いていた言葉ですから、それを引用しているだけです。

　センセーショナルだとか、国民を馬鹿にしているということは、ここでは横におくと、自民党の生き残り策として、もはやポピュリズムに頼る他なかった当時においては、完全に「正しい」わけです。

福山　そうですね。

宮台　経済的弱者には具体的不満があるから、具体的政策がないと食いつかない。だからポピュリズムの対象になるのは、具体的不満のない非経済的弱者だ、と。なおかつ「ワンフレーズ」や「イメージ」に動員されるのは、政策を思考できない頭の悪い人たちだというのです。

福山　頭の悪い人たちだという表現を除いて同意します。

宮台　僕がレポートを依頼されても――僕は二〇歳代の時マーケットリサーチ会社の取締役としてそうしたレポートをよく書きました――同じ内容を書いたでしょう。こういうレポートが妥当だということは、自民党はすでに政党の体《たい》を成《な》してなかったということだと思います。

こういう戦略を立てなければもはや生き残れないようになっていたということは、小泉純一郎のような「天才」がそうそういない以上、やはり自民党は終わるしかなかったということを意味しますね。

福山　相当危ないカケですけどね。僕は小泉さんが総理に就任したころから言ってきましたが、小泉さんは自民党の延命装置としては超一流の役割を果たしました。

宮台　福山さんがおっしゃるように、小泉自民党に投票した無党派層が反省し、民主党側についたという要素が大きい。僕は〇五年の郵政選挙直後、各所で「『断固・決然』になびいた無党派層は、自分で自分の首を絞めた、なぜならますます弱者になるのだから」と書きました。

実際、僕の予想どおりに首が絞まって、さっきの調査会社のレポートにあった「ＩＱの低い、非経済的弱者」が、ほどなく「経済的弱者」、それも圧倒的な「経済的弱者」になってしまったというわけです。

福山　そうなんです、現実に「弱者」になってしまったんです。

宮台　だから、短期的にだけ見た場合でも、無党派層ないし浮動票が、小泉自民党からごそっと民主党に流れるのは合理的です。

福山　我々はあの惨敗した郵政選挙で、雇用の問題、生活保護の方がどんどん増えてきてる問題、まだ「消えた年金」問題は発覚していませんでしたが、年金制度が完全に崩壊のプロセスに入ってる問題を、すでに訴えていたんです。

宮台　そうでした。よく覚えています。だから、僕は「抵抗勢力」うんぬんといった否定性に反応している場合じゃなく、民主党の「あなたは幸せですか、幸せになれますか」というメッセージに国民は反応すべきだと思っていました。福山さんにはそうお伝えしましたね。

福山　しかし、あのころは訴える手法がなかった。結局その手法を分かりやすく明示したのは、小沢一郎代表（当時）です。それが「生活第一」というメッセージだったんですね。具体的すぎるほどに子ども手当、農家の戸別所得補償制度、高速道路の無料化を訴え、バラマキだという批判は覚悟のうえで明示したんです。それが抵抗なく有権者に受け入れられるほどに「弱者」が生まれてしまった四年間だったんです。

人々が幸せになれない社会

福山　〇五年のマニフェストはスマートすぎました。マニフェストづくりに関わった僕としては、岡田克也代表（当時）には申し訳ない思いもあります。政策のメニューは揃《そろ》っていたけど、訴えたい層には届かなかったんです。例えば雇用不安を抱えている人、生活保護受給者、派遣、ニート、年金生活者など、将来不安を抱えている層に対して政策メニューはあったのに、何度リサーチしても、その人たちは民主党の政策を知らない、と。政治に対する関心もないし、政治が自分たちを救ってくれるという認識もない、本来政治の再配分機能が必要な人ほど実は僕たちの政策が届いていなかった。

一方で民主党の、国際社会の中で日本は一定の役割を果たすべきだ、国際競争力をキープしようという政策は、大企業の中堅幹部クラスとか、オピニオンリーダー層とかの志向とは合致していた。もともと自民党の利権政治的体質に嫌悪感を持っていた、その人たちが民主党のコアの支持層でした。

ところがそのコアの支持層たちから見れば、〇五年には民主党は弱者にしか注目していないというイメージがついて、ネガティブに反応しました。だから、小泉自民党に乗り換えたんです。

小沢さんはある意味、腹を括《くく》ってそのジレンマを乗り越えたわけです。とにかく分かりやすくメッセージを出せと。子ども手当、農家の戸別所得補償制度……。疲弊をした農村では、もう何の希望もないと。中間搾取団体にどんどんお金が流れて、自分のところには来ない。食料自給率は下がり、農業従事者の所得は下がり、高齢化して後継者がいない状況、まさに自分で自分の首を絞めた状況の中で、僕らの政策に対してもしかしたら、と期待をしていただいたのが、二〇〇七年の参議院選挙だったんです。

宮台　ある種、必然ですね。

福山　はい。

宮台　人々が幸せになれない社会になりゆくばかり。あとはそれに気づくかどうかだったわけです。先日、武村正義・元さきがけ代表を「マル激」にお呼びした際、おっしゃったのですが、細川内閣は政治改革三法案を通した途端、何をしていいか分からなくなったのだ、と。

むろん「佐川急便問題」が出てきて政治スキャンダルになったこともあるんだけれど、どのみち政治改革をした後に何をするのかということについて政策的な合意もなかったし、実はそれを模索するプロセスさえなかったので、今から考えれば、実は時期尚早だったのだ、と。

福山　七党八会派ではビジョンなどなかなか持てません。

宮台　政策のすり合わせがなかったことが致命的でした。しかし、「グローバル化に棹《さお》さしつつ、個人が直撃されないよう社会的包摂を保つ」なんて、当時はあり得ません。欧州にだってなかったから。だから仕方がなかったんです。青木茂代表のサラリーマン新党が象徴的でした。単なるサラリーマンの利益代表というだけですから。

談合主義《コーポラティズム》とは利益代表のボス交ですから、セクターごとの利益代表というのはいいんですが、「市場主義」ではなく「談合主義」で行くのだとか、「権威主義的―談合主義」ではなく「参加主義的―談合主義」で行くのだとかいった、再帰性（自覚）がないんです。

日本的な「権威主義的―談合主義」における利益代表という感覚が抜けてなかったし、利益代表はいいとしても税制以外には政策的焦点が皆無でした。従来の自民党型の業界団体と同じ発想から抜けていませんでした。

バラバラの寄り合い所帯？

福山　細川政権の中心には、やはり、当時新生党の小沢一郎代表幹事がいて、そして細川さんがいた。確かに政治改革で結びついていたけれど、結果としては、七党八会派の連立ですから、政策のすり合わせなんかできるわけがない。

実は民主党もそうで、九六年に旧民主党ができて、その後、現在の民主党になります、新進党が分裂して、その間、支持母体の労働組合の間でもギクシャクしていたわけです。加えて旧自民党も旧さきがけもみんな集まっていた。当時は政党は一緒だけどなんとなく落ち着かない、という面も確かにありました。時間が必要だったんです。結果として民主党の中できっちりと政策の合意形成の雰囲気が醸成されるまで三回か四回の選挙を経ることになります。

宮台　そうですね。

福山　政策の合意形成のツールとして有効だったのはやはりマニフェストなんです。最初は〇三年の菅さんの時。そして〇五年の岡田さん。今回のマニフェストと比べていただくと分かるんですが、ほとんどの根っこ、元の部分は皮肉なことに惨敗した岡田さんのマニフェストにあるわけです。

宮台　出来上がっていましたね。

福山　それをより具体的にし、なおかつ小沢さん的な割り切りで分かりやすくメッセージを出せと、深化させたのが、今回の鳩山さんのマニフェストです。これは思わぬ効果ですが、マニフェストを出すたびに民主党はバラバラだといわれることがなくなってきました。つまり政策を、マニフェストというツールを通して国民に提示していることが、国民に浸透するからです。だから、政治家の出自ではバラバラかもしれないけれども一つに見えてきた。

それに対して、政策の中身や、基本路線をまとめることを放棄して派閥の合従連衡《がっしょうれんこう》で、与党であることが自己目的化してしまったのが自民党だったわけです。

宮台　民主党に関するマスコミの決まり文句《クリシェ》として、福山さんが先ほどおっしゃった「民主党の選挙は風頼み」に加えて、「民主党のウリは清新さだけ」「民主党はバラバラの寄り合い所帯」というのがありました。不勉強だからいつまでもそれを言っていましたね。

福山　実際には、政策を収斂していったわけです。一方で、小泉さん以後安易な人気投票的なリーダーの選び方をしてきて、ここに至ったというのが自民党でした。

宮台　よくいわれることですが、自民党は政策を出す必要はなかったのです。政策を出すとむしろノイジーになってしまうので、政策は霞が関丸投げで「お任せ」したうえ、権益配分についてだけ口を出すというかたちでやってきたわけです。

権益配分について対立が起きそうなのに起きなかったのは、自民党の党本部制がうまく機能していたからです。末端の後援会組織や地方組織を通じて吸い上げた各権益団体の要求を、密室談合で調整しながら、党本部の政務調査会でまとめあげ、霞が関と交渉するやり方です。

まさに「権威主義的―談合主義《コーポラティズム》」そのものですが、構造的には、議会が内閣を操縦することで霞が関官僚を操縦するかわりに、党本部が直接に霞が関官僚と対峙《たいじ》して権益配分をバランスしたり箍《たが》を嵌《は》めたりしてきたので、官僚の暴走にはなりませんでした。

外交安全保障については「いざとなったら米国が守ってくれる」という「お任せ」で政策論議をせず、本来ならば政策の波及効果にすぎない権益配分についてだけ文句を言っていれば済んだ「幸福な時代」には、極めてよくできたシステムだったと言えるでしょう。

福山　そうですね。

宮台　別の言い方をすると、「全体を回す」ことを僕らの専門領域では「ガバナンス」といいますが、昔は「ガバナンス」、つまり「どうやって全体を回すか」に、政治家も官僚も関心を持つ必要がなかったんです。なぜなら、関心を持つまでもなく、全体が回ったからです。

福山　ライバルがいなかった。本気で政権を取るつもりのない社会党相手では常に出来レースになる。

宮台　やはり、軍事外交は「米国にお任せ」という状況の中で「経済が回っていた」ということが、大きいですよ。

福山　そういうことです。高い経済成長で、税収も上がっていましたからね。

宮台　そうなんですよね。

福山　常に配分機能は自民党の手中にあったわけです。

宮台　そうですね。

政権のたらいまわし

福山　お話に付け加えると、重要なのは政権が派閥順送りに回っていることでした。

宮台　そうでしたね。

福山　ある派閥に今回は総理を譲って、配分機能の主導権を与えても、次にはうちの派閥に回ってくるということで、順番を待てる状況だったわけです。

ところが小選挙区制で世界が全く変わってしまった。派閥同士のシェアではなくて、本当に政党間の権力奪取の政治に変わったことに対する、自民党の中に恐怖心が生まれたわけです。人気のあるリーダーでないと政権を維持できないということで、政策論争、路線闘争を放棄して、なんとなく「ふわっ」とした人気のある人にみんながぶら下がる構造ができてしまった。そこはいろんなことを言っても、必然といえば必然だったのだと思いますけれど。

宮台　そこには有権者の側の問題もあります。ずっと「権威主義」、つまり「お任せ政治」でやってきました。「参加主義」、つまり「引き受ける政治」はありませんでした。具体的には小間使い《メッセンジャー》を政界に送り出すという発想がなかったんです。

親からパイプやコネを引き継いだ二世議員を選べば、あとはなんとかしてくれるだろうというふうに思ってきた。この自明性の中で、例えば民主党が何か政策をごちゃごちゃ言っている。あるいは議員さんが政策を言っている。そういうのを聞くと、青臭く聞こえるわけです。「そんなこと言っても、おまえ、まずカネ持ってこいよ」みたいな。別に田舎だけじゃありません。東京で都市生活を送る住民たちだって、「政策を言う前に、おまえ、マンション建設や道路建設の地域紛争を解決しろよ」と。それが僕自身のリアリティでもありました。

その点は、〇五年の郵政選挙における小泉自民党の大勝においても同じでした。僕は「不安のポリティクス」と呼びますが、治安や外交で不安を煽ったうえで、「断固・決然と立ち向かうのは俺だけだ、任せろ」と俠気《おとこぎ》を示す。まさしく「任せる政治」の極地ですよ。

日本型ポピュリズム

宮台　具体的には小泉純一郎や石原慎太郎の戦略ですね。テレビの時代であることも大きい。そうすると、政策じゃなく、キャラクターを見て、「あ、この人ならば任せられそうだな」となる。だからギャルが投票するわけですよ。政策どころの話じゃありません。

実際、それまで選挙に行ったことがないような若い人が投票するわけです。二世議員への投票と、「断固・決然」的キャラクターへの投票は、一見対照的に見えますが、とても日本的な「権威主義＝任せる政治」の、二つの表れ方です。

福山　全くそのとおりで、僕らは中高年の御婦人から全く支持されなかったんです。それは今の宮台さんの話のまさに裏返しで、要は民主党の政治家は、簡単に言うとシンクタンクの研究員みたいな奴だと。苦労も知らない。なんか涼しそうな顔して偏差値の高い大学を出て、かっこよさそうなこと言ってると。やはり、信用できる政治家というのはちょっとお腹《なか》の膨れた、「俺に任せとけ、よっしゃ、よっしゃ」だという空気があった。特に中高年の専業主婦層は、民主党の政策になんか見向きもしてくれなかった。あんな年端もいかない青臭い連中にはとても任せられない、という空気はすごくありました。

宮台　その背後に、先に申し上げた日本的政治文化があるわけです。否定性に反応するとか、お灸を据える投票を好む。団体的動員――土建屋的動員・組合的動員・宗教的動員――がない場合、投票動機はそれが大きい。これも実は「任せる政治」の重要な側面です。

丸山眞男《まるやままさお》ならば「作為の契機の不在」といいますが、現にある社会は、特に問題がない限りは自明なもので、意図的選択によって維持するべき何かだとは考えられない。だから特に問題がない限り投票しない。投票に行くのは自明性が破られて憤激したときだけというわけです。

福山　全くそうですね。

宮台　今回の総選挙も大括《おおくく》りすれば「お灸を据える選挙」でした。ただ、あとで語っていただきたいのですが、マニフェストを吟味する人が増えてくるなど少し変わった面もあります。さっきの調査会社じゃないが、経済的弱者になればイメージに左右されなくなるからですね。

長すぎる選挙

福山　〇五年の郵政選挙はまさに今、宮台さんの言われたことが顕著に現れていまして、公示前、要は選挙が始まる前ですね。その時点でもう、どこに投票するかを決めていた人が、半数ぐらいいたんです。つまり僕らは選挙始まってから一二日間、必死に選挙運動をしたのですが、もうその時には半分の人が小泉さんに投票しようって決めているから、残りの半分を争う喧嘩《けんか》なわけです。一二日間選挙いくらやっても、結果はほぼ見えていたわけです。

それと同じことが今回の選挙でもやはり起こりました。麻生さんは自民党内での麻生降ろしや支持率の低迷があって、解散から投票日までが四〇日間という戦後最長の日程をセットして、なんとか逆転を模索しました。

四〇日間長いこと待たされて、一部ではいつか潮目が変わるのではないかとかドキドキしたり、マスコミも今までと同じで、いつ流れが変わるのか、長すぎるから民主党は厳しいんじゃないかということをずっと言い続けました。自民党寄りの大新聞は、早くから世論調査をし、自民党は不利だ、不利だとキャンペーンをすることによって、揺り戻し効果をねらっていたようですが、もう全然ナンセンスでした。僕は今回、差が拡がることはあっても揺り戻しはないはずだと確信していました。

つまり自民党を一回政権から降ろすということは、もう国民の中では自明になっていたので、選挙の情勢分析とかは関係なかったんですよ。その時点でもう勝負あったんです。要は公示の前に全体の流れが決まっていたので、揺り戻しより、逆にそれだけ自民党が負けるんだったら、もう徹底的に負けさせようやという効果のほうが遥かに大きくて、全然トレンドは変わらずに、かえって我々は当初は二四一議席前後で、つまり過半数取れるか取れないか、政界再編が起こるんじゃないか、みたいな議論から、二八〇だ、三〇〇だ、三〇〇超えだとなって、結果としては三〇八議席になるわけですね。

このいわゆるバンドワゴン効果は今までとは全く違う。ただ、その兆候は〇五年にもあったんですね。今回は投票までの期間が長ければ長いほど、国民は自分も早く一票投じさせろという思いがすごくあって、期日前投票も、〇五年の約一・六倍になりました。

宮台　僕もそうなんですよ。別に旅行に行くわけでもないのに、早く選挙に行きたいから行こうって、期日前投票が始まったら夫婦揃って即行きましたもん（笑）。僕らもそうだったけれど、なかなか投票日が来なかったんで、じれた人が多かったんだと思います。

福山　僕が投票に行ったら、地域の顔役の選管の人が、「私はこんな立場で言っちゃいけませんけど」って言いながら、「おめでとうございます」と。「何がですか」って聞いたら、「私ら見たこともないような、この地域にこんなに住んでたのかっていうくらい若い人や御夫婦がみんな投票に朝から来てますよ。投票率すごいですよ。もう先生、政権交代ですね」って言ってくれたんです。

浅ましい政治

宮台　お灸を据えることに関連して、今回の総選挙でもう一つ重要なポイントは、湯浅誠さんが「貧困問題」という言葉を使って活動してこられたのですが、その「貧困問題」という言葉がこの二年ぐらい突如として人口に膾炙《かいしゃ》するようになったんです。これは単なるお灸を超えています。

福山　顕在化しましたね。

宮台　思い出しますが、〇五年の総選挙の際、福山さんや岡田代表にお会いして、「みんなを幸せにしたい」というフレーズで、つまり「幸せイメージ」で自民党に対抗しないと、パーティ・アイデンティティ（民主党らしさ）を構成できませんと、繰り返し申し上げました。

それで、インターネット版の動画広告の制作をさせていただいたのです。その時の手応《てごた》えの大きさから、当時の段階でも、自民党が「景気」で行くなら、民主党は「幸せ」で行くべきだという判断は正しかったと思いました。

ところが、これはそれ自体は不幸なことですが、〇五年の総選挙から四年が経って、やはり圧倒的に「不幸」になった人々が多かった。清水康之代表の自殺対策支援NPO、ライフリンクの活動のおかげで、〇六年に自殺対策基本法が、翌年に自殺実態白書が出ました。

福山　毎年、三万人を超える人が自殺しています。それが一一年続いている。異常です。

宮台　結局、「景気」よりも「幸せ」が上位概念なのだということが、一挙に自明化していきます。日本よりも遥かに貧しい国が山ほどあるのに、それらの国を遥かに凌《しの》ぐ数の人たちが自殺しているのは、なぜなんだ。「金の切れ目が縁の切れ目」が問題なんじゃないか、と。

こういうことです。日本は経済を回すために社会を犠牲にしてきた。社会の穴を、辛うじて回る経済が埋め合わせてきた。だから経済が回らなくなったら、社会の穴が随所で露呈した。金の切れ目が縁の切れ目。これが続く限り、今後も経済次第で人が死にまくるのだ、と。

つまり「経済成長で全てが良くなるという竹中平蔵ビジョンはポンチ絵だ」と分かってきた。民主党にとって好都合だったのは、相手に「幸せイメージ」を醸し出す人材が皆無だったこと。安倍晋三や麻生太郎が誰に言われたのか、ネガティブ・キャンペーンを張り始め……。

福山　あの中傷ビラには僕自身もびっくりしました。

宮台　それが「2ちゃん系ウヨ豚」と同レベルだったんで、誰もが唖然《あぜん》としました。情報通信学会の間《かん》メディア社会研究会による調査でも、あのキャンペーンを目にした人の七割近くが自民党に否定的イメージを持ち、自民党支持者でも三割以上が否定的イメージを持ったわけです。

ネガティブ・キャンペーンは実は危険です。オバマと争ったマケインもそれで失敗している。なぜか。二つあります。第一に、オバマ・ケースもそうですが、「幸せイメージ」が争点になっているとき、ネガ・キャンに乗り出す奴はどう見ても「幸せ」には見えないこと。

安倍も麻生も貧相で、鳩山由紀夫さんと比べてどう見ても「幸せ」に見えないというのも、致命的でした。第二に、それもあって、ネガ・キャンペーンは末端が怪文書的にちょろちょろやるもので、トップが指揮しているように見えてはいけないというのが、普遍的セオリーです。

それなのに、今回は「怪文書」――自民党公認のチラシですが――が配布されただけでなく、全く同じ内容を、安倍や麻生が大人げなく演説で叫び続けていました。これで、完全に「アウト」になりました。

福山　悪口と批判ばかり。

宮台　このキャンペーンを指揮した無教養の輩は、間違いなく自民党大敗の戦犯に数えられます。このKY（空気読めない）丸出しの、「2ちゃん系ウヨ豚」的な不幸の匂いは、「あの」元首相の匂いと極めてよく似ているので、その周辺の動きなのかな、と（笑）。

福山　ここまで自民党も追いつめられているのか、という印象を与えてしまった。

宮台　間違いなく「この人たちは幸せではない」と思われた方が多いでしょう。

福山　だって全戸配布であのネガティブ・キャンペーンのビラが入ったときに、私のところに七〇過ぎのおばあちゃんが、「今日こんなものが入ったんだけど、これほんまに自民党が配らはったんやろうかあ」と言って持ってこられたんですよ。「いやあ、どうでしょうね」って見たら、まあ、下品なことが書いてあるわけですよ。

宮台　全くもって下品だったですね。

福山　「これ、自民党ですかねえ」ってふっと、裏見たら、ちゃんと自民党ってクレジットが入っているわけですよ。自民党の正式なビラなんです。そのおばあちゃんが僕に何を言ったかというと、「私はこれを持って自民党の京都の本部に、行ってくる」と。そのおばあちゃんは、たまたま、僕のとこ来ちゃったけど、それはもうずうっと自民党の支持者ですからね、たぶん。僕が止めても、「こんなことしちゃあかんってやっぱり自民党に言うてくる」って言うわけです。自民党のためにも良くないし、こんなことをしていたら日本はダメになる、とそういう気分にいろんな人をさせたわけですよね。

宮台　不幸うんぬんを横においても「浅ましい」印象を与えました。伝統の暗黙知に棹さす保守も、摸倣的感染《ミメーシス》――意気に感じること――に身を委《ゆだ》ねる右翼も、「浅ましく」あっちゃいけない。だからアレは「2ちゃん系ウヨ豚」同様、保守的でも右翼的でもないんですよ。

福山さんのところにいらっしゃったおばあちゃんも含めて、昔からの自民党支持者の方々は、この「浅ましさ」に衝撃を受けたんじゃないでしょうか。その意味で、自らの支持者の間においてさえ墓穴を掘るキャンペーンでした。

福山　これは他党のことですから言いにくいんですけど、自民党は、古賀誠選対委員長が辞めると言われたあと、結局後任の選対委員長を決めなくて、どこに司令塔があるのか分からない状況でしたでしょう。

宮台　それが大きなことでしたね。

福山　選対委員長不在のまま、選挙に突入したわけですよ。有権者の目はどんどん肥えているのにかなりズレていると思う。

第二章
日本の自画像

マニフェストは読まれたのか?

福山　本音で言えば、有権者にマニフェストをどこまで細かく読んでいただけたかは分かりません。しかし私たちには、今回、やはりマニフェストをもう一度選挙の土俵にしようという決意があったわけです。郵政選挙の時、郵政民営化という土俵をつくられて、我々は負けたわけですね。〇三年の菅さんの時にはマニフェストという政治の新しい道具《ツール》、国民とのコミュニケーションの新しい手段を開発して、マニフェストに書かれてあることが何なのかはともかく、菅（直人）さんがイタリアのブランドのスーツを着て表紙を飾って、一七七議席の躍進につなげたわけです。選挙の土俵づくりが勝敗の趨勢《すうせい》を決める。僕らは今回もう一度マニフェストプラス小沢さんがやられた生活第一、マニフェストの中の具体的なものをより分かりやすく提示することで、土俵をつくろうとした。で、自民党がマニフェストを発表する日よりも、五日先がけて、鳩山さんがマニフェストを提示して記者会見を行いました。

宮台　そうでしたね。

福山　先ほどの公示前に投票行動が決まるということにつながるのですが、いかに公示前に（選挙が始まる前に）マニフェストを国民に手渡すかが勝負だということで、鳩山さんのマニフェスト発表の会見と同時に、ウェブサイトでマニフェストをダウンロードできるように準備した。もちろん本番マニフェストではなく公選法上許される、事前のマニフェストですが、街中で配布する準備もしました。

結果は公示前の期間だけであの分厚いマニフェストが、三〇〇万部出るわけですね。

宮台　そこが、従来の「お灸を据える選挙」と、ちょっと違うと申し上げたところです。

福山　本番では四五〇万部のマニフェストが配られました。これはおそらく政党の配ったマニフェスト、ビラの類では史上最高です。一番びっくりなのは、ウェブサイトでこのマニフェストをダウンロードした数が、七月二七日から八月三一日までのひと月あまりで、なんと八九万にのぼったことです。ウェブサイトのページビューは、七月と八月の合計で約三六〇〇万ページビューに達しました。

直接取引民主主義

福山　加工された情報ではない生《ナマ》の民主党の情報、マニフェストを確認したいと思った人は、テレビ・新聞ではなく、圧倒的にネットを通じてダイレクトに来られました。

一方で選挙事務所に、また選挙で演説をしてるところに多くの人が、もう争うようにマニフェストを取りに来られました。五日後に自民党はマニフェストを発表したんですが、表紙に麻生さんの顔もなく、いつものような抽象的な公約集でした。そして一番決定的に面白かったのは、あれほど民主党の政策に財源、財源とネガティブ・キャンペーンをし続けた自民党のマニフェストに、実は財源が書いてなかった……。

宮台　民主党のマニフェスト大人気の最大の背景は飢餓感ですよ。大新聞には記者クラブ制度を背景にして勝ち馬に乗る作法があり、政治部記者は与党担当がパワーを持つので、本当に不思議なぐらい、民主党がどんな政策を訴えているのかということが出てこなかったんです。

例えば、子ども手当についての本格的報道は、民主党が与党になってからの話。簡単な話で、民主党担当の番記者がパワーを持つようになったから。だから選挙前に民主党の政策情報を知ろうと思ったら、ネットに行くしかなかったわけです。現に僕がそうでしたもの。

「選挙前の与党が実績で争い、野党がマニフェストで争う」というマニフェスト選挙の本義に照らせば、与党の実績はみんな知っているけど、野党のマニフェストは報じられなければ誰も知らないわけで、日本のマスコミの駄目さが本当によく表れています。

与党は実績で勝負する

宮台　政策報道に関するマスコミ不信が、民主党マニフェストの大人気を支えたのは間違いありません。僕自身の動機づけがそうでしたから。それとは別に、今回は民主党がマニフェスト選挙という土俵を設定したこと自体、自民党に圧倒的に不利に働いたことが見逃せません。

どうも自民党は分かっていなかったようですが、マニフェスト選挙というのは、古今東西、「与党は実績で争い、野党はマニフェストで争う」もの。与党がマニフェストで高尚な政策を謳《うた》う場合、「だったらなぜ過去四年間何もやってねえんだよ」という話になるからです。

今回の大敗北を総括する自民党の会合で、党幹部が述べた台詞《せりふ》として紹介されているのが、民主党のマニフェストに比べて夢を示せなかったというものです。馬鹿丸出しですね。マニフェストで何をほざいても実績で示せなかったからスルーされた、というのが本質だからです。〇五年に自公連立で三分の二の議席を取ってから、安倍、福田、麻生ととっかえひっかえで、どんな政策を実現してきたんだ。マニフェストに良さげなこと書けば書くほど、だったらこの四年間は何だったんだよ、というふうになる。良さげなことを書いたらマイナスなんです。

福山 なぜやらなかったの？ やれなかったの？ ですよね。

宮台 簡単に言えば「だったら今までにやれよ」。その意味で、民主党の土俵に乗って自民党がマニフェストを出した瞬間、この政党はダメだなという話になった。だって三分の二の議席があるんですよ。マニフェストに書く暇があれば何だってできたでしょう（笑）。

逆に、選挙で勝ったって、やっと過半数という程度。三分の二の議席でできなかったことが、できるわけがない。よほどの馬鹿でなければそう思うはずですよ。つまり、自民党は実績がない時点で、マニフェスト選挙を戦う資格が完全に失われていました。

ところが、これまたマスコミ報道が愚昧《ぐまい》で、自民党のマニフェストと民主党のマニフェストを並べて比較するわけです。爆笑しましたよ。そうじゃないだろ。民主党のマニフェストに相当する、連立与党の実績を書くんだよ。政治部記者のオツムは大丈夫なのかな（笑）。

「公正」というまやかし

福山　メディアの話で僕が不思議に思ったのは、マニフェストを比較するときに、まずマニフェストっていうのはどういうものかを定義したうえで評価しないと、評価にはならないわけですよ。

宮台　おっしゃるとおりですね。

福山　例えばその定義が、僕は新聞各社で異なっていいと思うんですよ。決して同じである必要はない。ただ、例えばどこどこ新聞、どこどこテレビはマニフェストというのはこういうものだと定義します、と。そのうえで評価したら、民主党は何点でした、自民党は何点でしたというのだったら、それは理屈として分かる。ところがマニフェストとは何なのかという定義を何もしないで、何が評価なのかと思っていました。評価の尺度がはっきりしません。まさに宮台さんがさっき言われた四年間、三〇〇議席以上持っていた自公政権の業績をまず評価するべきだと。新しいチャレンジャーの政党はその業績に対して、どうオルタナティブを提示するのかが評価の対象だとずっと主張していました。

さらにマニフェストとは、ヨーロッパのマニフェストの伝統も踏まえて、財源と到達目標と、それから時期を、明示しているものだと主張してきました。これは重要な評価軸だと思うのに、そのことについて言及しない。

マスコミの皆さんが錦《にしき》の御旗《みはた》で使うのは、公平性です。マスメディアには公共性があるからといって、あまり差をつけてはいけないと、だから、すごく曖昧な玉虫色の評価を自民党、民主党と両方のマニフェストに対してするわけですよ。これは、ある意味でものすごくアンフェアなのではないかと思っています。明確な評価をせず、曖昧なままにしておくほうが楽なんですね。

ぶれる、ぶれない

福山　一番象徴的だったのは、地方六団体が何年もの間地方との協議機関をつくれということを主張してきたわけです。自民党は与党としてずっと、無視し続けてきた。

うちは長年、協議機関はOKだったのでマニフェストではなくて政策集に載せていました。自民党は今回初めてマニフェストに載せたわけです。そうしたら自民党はマニフェストに地方六団体との協議をするということを認めてくれたから、これは大変評価が高い。民主党はマニフェストには入れてないから評価は低い、とマスメディアを通じて地方六団体が恥ずかし気もなく言ってきました。こちらからすれば「なに言ってんだ！　今まで無視され続けてきただろう」という話です。

宮台　今のマスコミの低水準ぶりがよく表れています。福山さんがおっしゃったように、マニフェスト選挙とは厳密には野党にとってだけ意味がある選挙です。これ、常識。野党がマニフェストを掲げるのに対して、与党は実績を掲げて戦うものです。これ、常識。

常識あるマスコミであれば、「野党は与党じゃないから実績がなくて当たり前だが、与党が実績を掲げられずに何がマニフェストだ」と公正に書くはずです。なぜ公正かといえば、今の文の「野党」と「与党」にどんな党名を代入しても普遍的に成り立つ命題だからです。

福山　協議機関をつくるなんて僕たちにしてみれば大したことないんです。だからマニフェストに追加したほうがよいなら、しようかと言ったら、今度は「ぶれた」って言うわけですよ。「何なんだ、これ？」状態です。

子育て論争、そんなバカな!?

福山　もう一つ同様のことがありました。幼児教育の無償化です。これはテレビで何度か言ったことですが、自民党のマニフェストに幼児教育の無償化と書いてあるわけです。それに対して、うちは子ども手当、これで「ほとんど子育て論争は両党でイーブンです」という論調になるわけです。

宮台　朝日新聞にも、そう書いてありましたね。僕も大爆笑しましたよ。

福山　これまたちょっと待ってほしいと。小泉政権の〇五年の自民党マニフェストに何と書いてあったか。「幼児教育の無償化は国家戦略としてやる」と書いてあった。それなのに、何も四年間進んでない。しかも、実はこの幼児教育の無償化というのは、彼らは、三歳から五歳までって明確に限定している。どういうことなのか。幼稚園と保育園に通園している人しか対象にならないわけですよ。ところが都市部で言えば、ゼロ歳から二歳までのほうが保育料が圧倒的にかかるんですよ。

宮台　そのとおりです。だから民主党は、配偶者控除の廃止を含めて、自民党の一九六〇年代的な「片働き支援＝専業主婦支援」図式から、民主党は「共働き支援」図式へとシフトしようとしているのですよね。

福山　加えて、保育園が全然足りないから待機児童が二・五万人以上いる。運よく保育園や幼稚園がその地域にあって、入園できた人は無償化の恩恵を受けるけれども、待機児童の親御さんは一切恩恵を受けないわけです。で、無認可の保育所に行っている人たちも全く恩恵を受けない。おじいちゃん、おばあちゃんがたまたま近くにいて、育ててもらっているところも恩恵を受けないわけです。ゼロ歳から二歳までの保育料が最もかかる人たちも、もちろん恩恵を受けない。なおかつベビーシッターを雇って自らの資力で育てている人も恩恵を受けない。行きつくところは、結局、業界団体ですよ。まさに業界団体がある幼稚園と保育園にたまたま行けている人たちだけを無償化するという、排除の論理なわけですよ。

僕らはもちろん保育園もつくらなきゃいけないと思うけど、そんなにすぐに大量にはできない。だからまず子ども手当を皆さんにお渡しすることで少しでも子育ての足しにしてくださいというメッセージなわけです。かたや、四年間一切幼児教育の無償化を実現しないまま、再び排除の論理を展開し、しかも財源すら明らかになってない。悪いですけど、幼児教育の無償化と、我々の子ども手当を一緒にしないでほしい。比較の余地もないと僕は思っているのに、もうこれで子育てに対してイーブンですみたいな話になるわけですよ。まあ、こちらの発信力の問題もありますが……。

子ども手当はまやかしか？

宮台　補足しますね。朝日新聞に、子ども手当二万六〇〇〇円を支給するかわりに配偶者控除を廃止する、だから相殺勘定で、子どものいない片働き夫婦の場合には今までに比べて不利益を被るなどと書いてあるわけです。

インターネット上では、それを受けて、何も知らない人たちが「結局、民主党の子ども手当はまやかしじゃないか」などと知ったかぶって議論している。これもやっぱり昨今のマスコミの「マスゴミ」ぶりをよく表しています。

民主党の子ども手当は国際標準です。まず、公的支出に占める子育て支援費の割合は、OECD加盟国平均で二・二パーセントで、先進各国は三・五パーセント前後。日本は何と一・三パーセントで、二万六〇〇〇円が満額支給されても二・二パーセントです。バラまき批判をする輩は、データを見てから言えよ。

さらに消費水準が上がった先進国では、片働きで家族が食える割合はどんどん減って少数派。少子化対策を考慮すれば、多数派である共働き家庭の子育て支援をするのが最も合理的。ところが日本人は欧州人と比べて毎日三時間近く余分に働いていて、子育ての時間がない。だから、大抵は無認可の保育施設を利用するしかなくなるのですが、これが下手をしたら月一〇万をくだらない。多少評判がいいところを探すと、月一五万、二〇万は平気でかかってしまうわけです。

福山 あるテレビ局のディレクターの女性は、東京ですけど保育料月七万円と言われていました。それでも入園できたただけラッキーだと。

宮台 それで「共働きの若い夫婦に子どもをつくれ」って、到底無理じゃないですか?

福山　そうなんです。二人目は産めない、となるんですよ。

宮台　当然です。二人目どころか一人目だって難しいですよ。うちの妻はたまたま子どもが強いアレルギーだったので職場復帰を諦《あきら》めましたが、共働きで、完全なアレルギー対策をしてくれる保育施設に預けたらどうなるか試算してみたら、月一五万ぐらいになりました。

うちの妻は書店員でしたが、書店員の給料は安くて、二〇歳代半ばで二〇万円ちょっと。それだと、共働きする意味がほとんどない。その程度の差額だったら、自分で子どもの面倒見たほうが、どう考えてもいいということになるわけですよ。

福山　分かります。

宮台　これが自民党政治の本質を象徴します。少子化対策を言いながら、こうした制度的矛盾を放置するって、まともな政権与党ならばあり得ません。だいいち、共働きよりも、片働き、つまり専業主婦家庭に有利な行政的仕組みって、どの国でも一九六〇年代のものでしょう。

選択的夫婦別姓問題と同じく、どこかの愚かな道徳主義的議員が、専業主婦家庭がまともな姿なのだから、それを支援して当たり前だとか何とか言ったんでしょう（笑）。共産主義者よろしく馬鹿げたイデオロギーにかぶれて、実態を見ないというのも、いかにも自民党的です。

日本は団塊世代より上に属する親のストック資産にたかるパラサイトシングルがいるから表面化しにくいのですが、先進国はどこでも「豊かな社会」と言いつつ消費水準が高いので、若い世代は共働きしないと食えない。「一人では食えないから結婚する」のが当たり前なんです。日本もすでにそうなりつつありますが、一人じゃ食えないから結婚した夫婦、食えないから共働きしている夫婦から、保育料を月一〇万も二〇万も取るって、いったいどうなってるんだよ。マスコミはどうしてこうした実態と併せて政策を評価しないいんですか。

そう言うと、またおかしな輩が出てきて、働きたくても働き先が見つからなくて専業主婦をしている家庭で、負担が重くなるのはおかしいなどと言う。そりゃ子ども手当の話じゃなく、失業手当の話だろうが。どうも巷《ちまた》の議論のレベルが低すぎるんですよ。

福山　だから配偶者控除も、国が、一〇三万円という一定の額以下の人は控除しますよなんて規定をすること自体おかしいと。

宮台　そうですよ。

福山　夫婦の働き方はいろんなかたちがあっていいんだということで、僕らは配偶者控除をなくそうという議論をしているわけですね。それは決して子ども手当の財源づくりのために配偶者控除をなくすと言っているわけではない。そこをマスコミはセットで議論したがり、こちらは増税で埋め合わすけれど、どうなんだ、みたいな議論になる。要は社会の構造の変化に合わせて、それに見合った政策をしっかりと提示していくべきだという思いがありました。子育ての問題で言えば、我々は初めて不妊治療の保険適用の検討も掲げました。なぜ不妊治療が保険適用にならないのかと、厚労省の人を呼んで聞くと、妊娠は病気ではないからって言う。

宮台　昔からよく知られた「笑い話」ですね。病気からの回復も、出産や育児も、個人的事柄であると同時に、労働市場にとって、また共同体の維持にとって、必要不可欠の公的事柄です。そうした事柄に関わる医療行為だから保険適用になるのです。病気うんぬんって愚かすぎます。

福山　少子高齢化が問題だと言ってるのに、子どもを産みたいと思って、何十万ものお金をかけて不妊治療をやっている若い夫婦を応援したいと言ったら、この定義だからダメみたいな話ばかりなんです。

宮台　そのせいで、不妊治療専門の、分娩《ぶんべん》に関わらない産婦人科の医者たちが、分娩医療のリスクを取らぬまま、保険適用されない不妊治療で、高額の利益を上げる。それで、どんどん分娩医療に関わる産婦人科の医者の方々がいなくなるという事態も生じているわけです。

福山　そういう構造をどうにかして変えようと、不妊治療の保険適用を入れました。出産一時金を増額するという話をしたのも、出産というのは出産そのものだけじゃなくて、周辺の費用がかかるから、お渡ししよう。子どもが生まれたら子ども手当を中学まで、高校入ったらいわゆる高校授業料の実質無償化を実現する。大学入ったら奨学金を拡充する。

福山 この考え方の本質は、格差が拡がる中で、どんな両親のもとに生まれようが、どんな地方で生まれようが、両親の所得がどんなに変動しようが、子どもに対して学びの機会は保障する。子どもが成人するまでは社会全体で子育てを見守ろうというメッセージなわけですよ。

ところが「子育て支援」イコールバラマキだと決めつけて、いいのか悪いのかという議論をし出すと、本質的な話が全く国民には伝わらない。政治が何をやりたいのか、国民に対して何を提起をしようとしているのかについて、なかなか伝わらないという状況に僕らは陥ったわけです。

宮台 よくある批判ですが、独身者には増税になるのだと。それがどうした。先進国どこでもそうだぜ。米国の教育税《エデュケーションタックス》を見ろ。ところで、ネットには、家族のいない独身者は、将来は国にぶら下がって老後の面倒を見てもらうから、その分の税金を払って当然——そういう反論があります。

でも国際標準の議論はそこにはない。独身者が子育て税や教育税の類を負担する理由は、このように理解すべきだとされています。誰もが社会の存続から恩恵を被る以上、社会の存続に不可欠な人口学的再生産は公的事柄であり、公的事柄にコストを払うのは当然だからと。

これは地方税だけど、米国の教育税は市町村ごとに全く違います。自分たちの地域は魅力があると誇りを持つところは教育税がとても高い。教育税は子どもがなくても払います。なぜかというと、子どもは「地域の子ども」だから。

地域の教育が良く、良き人材を多数生み出すことは、その地域が今後も発展し、住民を幸せにすることを意味する。そういう懐の深い場所に住みたければ、子どもがいなくても高い教育税を払うのが当たり前だという考えに基づくものです。

大丈夫か？　自民党

宮台　こうした国際標準の議論が新聞の紙面で紹介されないのはどういうことなのか。マスコミが馬鹿だから、「勝手に子どもをつくった奴のためにカネ払うのか」という赤木智弘さんの有名な反応が出てきてしまう。こういう反応を許すマスコミの低水準ぶりは問題です。
福山　メディアの報道よりも、理屈はともかく、国民が直感的にこのままの政治の継続では自分たちの将来に展望がないということを感じた結果、今回の三〇八議席に僕はつながったと思っているんです。
それは自民党の復元力にも直結するわけですよ。宮台さんは、自民党はもう人材的にも復元しないだろう、とおっしゃっていましたが。
宮台　本当は生き残っちゃいけない人たちが生き残ったからですよ（笑）。
福山　本当は今までの実績から言えば、元総理とか自民党の元幹事長は、比例名簿には名前を登載しないで、若い人にチャンスを渡していれば、と思いますが、結局生き残ってきたのは宮台さんがおっしゃったような人たちだったわけですよね。

民主主義がもっと機能し、ステージが上がるためには、強い野党、健全な野党として自民党には必ず復元をしてもらわなきゃダメです。今のままでは三〇八議席を持ってる民主党の傲慢《ごうまん》な政権が出来上がるおそれもあるわけです。これは全く良くない。

宮台 今回の選挙結果は、皆が自民党に対して嫌気がさしたからで、民主党への積極的な支持が集まったわけではないと言う人がいますよね。「お灸を据える選挙」という意味ではそうだし、「民主党マニフェスト人気」から見ると少し違いますが、どうですか？

福山 僕はそんなの当たり前だと思っているんですよ。それで十分なわけです。だって政権に対する業績評価の結果として、ネガティブな反応を国民はしたわけで、一回も戦後政権交代したことのない日本で、民主党に対する大きな信頼などすぐには生まれません。そりゃ不安でしょうがないんですよ。でもそれを乗り越えてまで自民党に対してノーを突きつけた国民の決意があったんです。

今度はその決意に我々が応えられるかどうかが問題なんです。考えたくありませんが、もし我々がダメだというときに復元した自民党がないと、国民はどこに行っていいのか分からなくなって、戦前の独裁者とか、スーパーカリスマみたいなところに流れるリスクがあることは否定できない。そのリスクを回避するためにも、必ず自民党に復元してもらわなきゃいけないんだけど、まだ分からないですね。

二大政党制は本当に有効か？

宮台　最初の話に重なりますが、九六年から小選挙区比例代表並立制による選挙が実施されました。僕は九二年まで東京大学で助手をやっていました。会社でいうと上司にあたる佐藤誠三郎や舛添《ますぞえ》要一《よういち》さんが二大政党制の推進論者でした。ところが、僕は大きな疑問を持っていたんですね。

　理由は、日本の政治文化や政治的伝統が二大政党制にふさわしくないからです。むろん分かりやすい理由として、自民党が世界にも稀な「再配分保守」で、地方の弱者が再配分を要求する場合、社会党を頼るのは自殺行為で、自民党を頼るのが合理的だからっていうのがある。

　つまり、自民党は「保守」なのに「大きな政府」だから、米国や英国流の「保守＝小さな政府」「リベラル＝大きな政府」が成り立たないというわけです。これはそれなりに妥当な議論ですが、「保守」と「リベラル」のイメージがミスリーディングなのが気になります。

　先に欧州と米国では「保守」と「リベラル」の意味が逆向き気味だと言いました。欧州の「保守」は「自由（市民）への懐疑」、欧州の「リベラル」は「自由（市民）の礼賛」。米国の

「保守」は「自由（市場）の礼賛」。米国の「リベラル」は「自由（市場）への懐疑」。

微妙なのは英国です。英国は欧州でありながら、保守党＝自由（市場）の礼賛、労働党＝自由（市場）への懐疑、という配置に近い。だからこそアングロサクソン（米国と英国）だけが長らく二大政党制でやってこられました。他国がこれを真似るといろいろ弊害が出ます。

アングロサクソン的二大政党制は、「参加主義」を自明としたうえ、「市場主義」と「談合主義」で分岐します。それ以外の欧州は、「参加主義」は自明ですが、「市場主義」という選択肢が明確ではなく、「談合主義」内部での各セクター代表が個々の政党となる多党制です。

二大政党制は、一般に「小さな政府」か「大きな政府」かだと理解されていますが、市場で問題を解決するという共和党も、前ブッシュ政権は財政的にも「大きな政府」でしたし、話し合いで問題を解決する民主党も、オバマ政権は「大きな政府」は無理だと言っています。

馬鹿マスコミが多いので繰り返します。二大政党制は、市場に任せるのがいいのか、話し合って決めるのがいいのか、という分岐です。日本の場合、欧州同様に、こうした分岐に意味がない。なぜか。議論の余地がないからですよ。僕は、よくオレオレ詐欺の例を出します。

米国なら、人に騙《だま》される奴に対して老若男女を問わず自己責任原則を適用します。「もう少し世の中を弁《わきま》えろよ」ってね。日本では、騙された老母にそう言うのは酷《こく》で、「どうして息子のおまえが守ってやらなかったんだ」って言うのが当たり前。それが日本の美徳ですね。

江藤淳《えとうじゅん》的に言うと、それが美徳である以上、日本では「自己責任原則」も大概にしたほうがよい。基本的に「相互扶助の枠の中、皆で話し合って決めていきましょう」っていうのがよい。だから「市場か話し合いか」っていう論議は日本ではあんまり意味を持たないのです。

補足ですが、二大政党制で政府が大きい小さいというのが意味を持たないのは、談合主義派は再配分重視ゆえに政府が大きくなりがちなのは確かですが、市場主義派も政府が巨大経済プレイヤーになれば——米国では大規模公共事業としての軍需——政府は大きくなるからです。

もう一つ補足すると、自民党が保守再配分政党であり続けたこと——再配分への異論が皆無だったこと——自体、日本では「相互扶助の枠の中、皆で話し合って決めていきましょう」への対抗軸がなかったことを意味します。正確には「有力者を頼っていきましょう」ですがね。

低レベルな政治学者

宮台　政策論争と言ったって、皆が「任せる政治」をしているときに政策論争は無意味なわけで、日本で二大政党制って叫ぶ意味が分からないんです。単に利益配分を、社会の中のセクター配置をうまく反映したものにしましょうというのなら、中選挙区の多党制がいいんですよ。

福山　権益配分だけだったら、そうですね。

宮台　まあ、政治学の大先生が「日本でも小選挙区にすれば二大政党制になって政権交代が実現します」とぎゃあぎゃあ叫んでいたわけで、日本における政治学者なるものの水準もよく分かるというものです。政治学は重要な学問ですが、日本の政治学者は大半が低水準です。

政権交代と言うけれど、政権交代だけが自己目的であるのも変な話です。政権交代にどんな意味があるかを問わなければいけない。政権交代の意味は二大政党がどんな分岐を示すのかで変わる。であれば、二大政党のあり得る政策的分岐をシミュレートしなければならない。

このシミュレーション、先ほどしましたよね。自民党が再配分政党だった時代に、どんな対抗軸があるというんですか。いや対抗軸はあった。「再配分をやめるという小泉自民党」対「再配分を続けろという権益自民党」。しかしこの配置は一瞬で崩壊した。当たり前ですよ。

先に述べたように、「再配分＝既得権益温存」という自民党的再配分と、「再配分＝既得権益剝《は》がし」という民主党的再配分とは違います。これも一時は二大政党的になるでしょうが、グローバル化の進行で、既得権益温存の余裕がもはやなくなれば、そんなには続きません。

考えてみてください。自民党が「再配分＝既得権益温存」などという看板で再生可能ですか。百パーセントあり得ない。再生するとすれば、「再配分＝既得権益剝し」は当然としたうえで、再配分が「自立の支援」なのか「依存の奨励」なのかを厳しく吟味する以外にあり得ない。

政権交代の自己目的化というのも分からなくて、政権交代が大きな政策転換を意味するのか、政策転換はさしてなく同一枠組の中での権益移動を意味するのかで、政権交代の意味が変わるでしょう。単なる権益移動であれば、自民党の派閥の順送りで全然構わないのです。

こんなことは全部当たり前でしょう。なのに「小選挙区で二大政党制になりさえすれば」など、日本の政治風土を読み違うマスコミやインテリ層が分厚く存在することが、僕には信じられません。そんなレベルでは日本の政治はこうなるべきだなどという提言は無意味です。

政治家の嫌がる質問

福山 マスコミの話題で面白かったのは、僕が選挙の前後で聞かれた質問が集約すればもう三つか四つしかなかったことです。財源は？ 説明責任は？ 民主は寄り合い所帯で政権担当能力はあるのか？ もう決まり文句しか質問されませんから。

宮台 僕は何度か民主党代表の記者会見に出席しました。野党時代から記者クラブ以外にもオープンにされていましたから。ところが大新聞の政治部記者って実に頭が悪そうなのです。質疑応答が神保哲生氏のいう「単なる業務連絡」。組閣はいつですか。幹事長は誰ですか。

そのレベルの質問は記者クラブ共同質問としてファックス送っとけ（笑）。代表会見でもまともな質問をするのは神保哲生氏と上杉隆氏だけです。彼らだけが、記者クラブからすれば「想定外」の質問をする。二人とも鳩山氏と懇意だから鳩山氏の表情が「仲間なのに……」みたくなる（笑）。それって実は重要ですよね。

福山　重要ですよ。政治家としてはイヤですが、それで鍛えられる部分も多い。

宮台　自民党がこれほど出鱈目《でたらめ》な政党に堕落した背景には、記者クラブ制度――記者クラブ相手に限られた記者会見――に安住してきたマスコミがあります。マスコミの責任は大きい。情報公開の大切さの観点から原則フルオープンの記者会見にします、と政府が宣言すればいい。

福山　政権交代し、組閣後、例えば前原大臣が八ッ場ダムやめますって言ったら一面トップになるわけですよ。鳩山総理がCO_2を二五パーセント削減すると言ったら一面トップなわけですよ。なんで一面トップなのか分からない。だってマニフェストに書いてあるわけだから。

宮台　そのとおりです。

福山　なんでニュースになるのかが、分からないわけです。「あ、そうか……」と気がついたのは、マスコミは、マニフェストは実行されないことを前提に物事を考えているんだと。あれだけ、国民との約束だ、契約だと言っているのに……。

宮台　マニフェストにはダム凍結があったのに、マスコミは選挙前に地元意見を紹介せずにただマニフェストを自民党のと並べて（笑）紹介し、政権交代すると突如「地元は反対」のキャンペーンを始める。愚昧なマスコミの、「万年野党」的な思考停止が問題なんです。

福山　結局、そういうことですよ。さっきお任せ民主主義の話をされましたけど、自民党の公約なんてこれまで選挙の時もほとんど見向きもされなかった。各団体の wish list なわけです。選挙終わってから、自民党の政策の中で、何が実現するかなんて議論は全く起こらなかったわけですよ。もう全権白紙委任してたわけだから。例えば、よくあるフレーズは「安心、安全な街づくり」「お年寄りにやさしい政策を実施します」……。これではなに言ってるのか全く分からない（笑）。選挙後も検証しようがありませんよね。政権交代後、民主党のマニフェストの政策について、巷で本当に普通の市民の方々が「あれはいい」「無料化はダメだ」「子ども手当はいつから？」と議論が続いていること自体、日本の政治文化はもうかなりガラガラ変わってるんです。

つまり、この時点で、選挙が終わっても、市民は政治に参加し続けているんですね。このつながりは小さいようで実は大きい。

地域主権化という難問

宮台　自民党にはまともな政党に生まれ変わってほしいですね。僕は河野太郎を代表とする新しい政党になってほしい。申し上げたようにアングロサクソン的二大政党制に日本の風土はなじまないので、「小さな政府／大きな政府」「市場主義／談合主義」の素朴な対立は意味がない。

どんな先進国も大筋では共通の政策をとるしかなくなってます。再説すれば〝グローバル化に棹さしつつ、それが個人を直撃しないよう、「社会的包摂＝社会の自立」を保つ。そのために国家は「個人の自立」を直接支援するより、「社会の自立」を支援する〟ということです。具体的には、〝国家からの集権的再配分がなくても自分で自分を回せる地域社会をつくり、維持する。そのための支援こそ国家の役割〟ということです。河野太郎は完璧《かんぺき》に理解していて、この点では民主党の主張と違いません。問題は、どこが違うのかということです。

河野太郎は「民主党は甘いことを言ってるんじゃないか」と言います。その意味は、先にも述べたように、民主党による地域支援は「社会の国家からの自立の支援」になっておらず、「社会の国家への依存の奨励」になっているんじゃないか、ということでしょう。

政権を取りに行く段階では甘いことを言うのは仕方ないとも思います。「いつまでも甘いこと言ってちゃダメですよ」と申し上げると、福山さんも、古川元久内閣府副大臣（国家戦略室長）も「焦らないでください、だんだんシビアなことを言っていきます」とおっしゃる。

それでいいでしょう。ただし、今後も二大政党で行くとした場合、ここに二大政党の論理的な分岐点があります。アングロサクソン的二大政党は一口で言えば「自己責任か社会責任か」で分岐します。「市場主義」が自己責任を説き、「談合主義」が社会の責任を説きます。

ところがすでに述べたように、日本ではこれは分岐の意味をなしません。加えて、グローバル化によって、個人が社会に包摂されない限りどうにもならないことが分かってきたので、多くの先進国でも「自己責任か社会責任か」は問題として過去のものになりました。

今日重要なのは「自己責任か社会責任か」ではなく、「社会責任か国家責任か」です。国家が「社会の自立」の支援をするとして、社会責任を重視する側は、社会の「国家への依存の奨励だ」と批判、国家責任を重視する側は「いや、国家からの自立の支援だ」と肯定する。「自己責任か社会責任か」が截然と分かちがたい問題であるがゆえに、いつでも機能するイデオロギー装置になり得るのと同様、「社会責任か国家責任か」も截然と分かちがたい問題であるがゆえに、いつでもイギオロギー装置になり得て、二大政党を分かちます。

福山　ぶっちゃけた話、地域主権化っていうのは、本当は信じられないほど厳しいことですよね。

厳しいです。実は民主党のマニフェストは、真の意味であらゆる政策の中で自立を求めています。

宮台　小泉改革に勝るとも劣らない厳しさでしょう。例えば高速道路無料化に、「吸い出される」と言ってバイパス問題同様に反対する向きが多い。でも、今後は自立的経済圏、つまり経営企業体として地域を回せるかが問われるのであって、今後永久に中央にはぶら下がれません。

「大都市に吸い出される」と反対するようでは、隣町にさえ「吸い出され」て生き残れない。

アンソニー・ギデンズがいうように、「包摂」は福祉国家へのぶら下がりと違って「参加」抜きでは成り立たない。企業のように競争に耐える工夫に「参加」せずに地域主権化は無理です。

地域が地域主権化の厳しさを理解していないように、農家は戸別所得補償制度の厳しさを理解していません。今回の総選挙では政権交代が第一義の目標でしたので、政策的ならざる政治過程的な理由で、暫定的に「無差別な直接給付」に留《とど》まったのだ、と理解することにします。

今後はそうはいかない。無差別給付は大問題。モラルハザードの抑止には「農家らしい農家」を評価選別して給付する合理性が不可欠です。自民党の集票装置だった農協が、直接給付に反対し、現行の価格支持にこだわるのは、「農家らしくない農家」が許容されるからでした。

『日本の難点』で縷々《るる》述べたように、そもそも土地生産性が工業や商業よりも低い農業に土地を使ってもらうには、税金による所得補塡《ほてん》が不可欠です。だから農家の現金収入は、フランスでは八割、英国では七割、米国では六割が、税金や補助金によって補塡されています。

価格支持政策よりも合理的なのは、高関税政策を必要としないので保護貿易策だとの批判を受けたり、WTOのペナルティを科されたりしないから。FTA（自由貿易協定）締結にも農家戸別所得補償制度が不可欠の前提。ただし「ただ取り」の批判を塞《ふさ》ぐ評価選別が不可欠です。

こうした評価選別はどこの国でもやっていますが、単に土地生産性を重視する欧米とは違った基準が必要です。生産性は低くても、中山間地の田畑には「国土保全」機能があるからです。

多様な機能を得点化した総合評価方式で「農家らしい農家」を徹底的に選別すべきです。
民主党は今のところ、地域主権化に必要な自立的経済圏についても、農業保護に必要な農家戸別所得補償制度についても、本来それらが意味する小泉改革に勝るとも劣らぬ厳しさを隠蔽《いんぺい》している状態です。河野太郎が総裁となる新自民党ができれば、こうした点が徹底追及されます。
こういうところが問題なのに、マスコミはいまだに「河野太郎は小泉純一郎と同じく小さい政府を主張している」などと俗情に媚《こ》びています。「小さな国家・大きな社会」はどこだって主張せざるを得ないんだよ。財政赤字を見ろよ。そんなことは問題じゃないんだよ。

福山　同感です。僕はずっと、自民党こそ究極の「大きな政府」志向の政党だと主張してきました。

宮台　そのとおりです。むしろ「小さな国家・大きな社会」が甘いことじゃないというところがポイントなんです。甘いことを言いがちな政権与党。それがどれだけ厳しいことか突きつけていく野党。それが米英以外の欧州をも含めた先進各国で可能な二大政党軸なんですよ。

福山　僕は実は、民主党の政策っていうのは国民にとって甘い政策だとは決して思わないんですね。

宮台　僕だって分かっていますよ。ただ、人々はまだ甘い受け取り方をしているんですね。

福山　そうそう。だからそのギャップに国民が気づいたときに、我々がどういう振る舞いをするかが、民主党がさらにブレークスルーするためのポイントだと思います。

子ども手当と公共性

福山　厳しいといえば、実は子ども手当もそうなんですよ。よく、お金を渡しても、そのお金を子育てに使わないでパチンコする親がいるという話が出ますよね。それは僕らも分かっています。一部ではそんなけしからん親がいるかもしれない。しかし、子どもを持つ親として元気に子どもを育ててくださいという名目で来たカネを、ほんとに子どものために使わないことに対する良心の呵責《かしゃく》というか、何というか……。

宮台　心の痛みですよね。

福山　そういう心の痛みを感じてくれる親が圧倒的に多い社会であるはずだ、あってほしいという、信頼に基づいてるわけです。だからほんの一部のパチンコに行く人たちに目くじらを立てて、この政策はダメだと言えば、もうどんな政策も成り立たない。百パーセント完全無欠の政策なんてあり得ない。そこは僕らは腹を括って、割り切ったんです。

では厳しいというのはどういうことかというと、二万六〇〇〇円を渡していても給食代払わないとか、学費払わないとか子どもを虐待している親には、「これだけ条件を整えているのに、何なんだ！」と、もう逃げる余地がないんです、その親にとっては。

宮台　十分に社会的前提を整えたうえで、「あとはアンタ（たち）の問題だ、他人のせいにできないぜ」と〝追い込む〟のが、社会的包摂を支援する国家の役割です。「グローバル化が個人を直撃する、国家は個人を救え」という議論は、〝緊急避難〟を例外とすれば原則ナンセンス。「あとはアンタ（たち）の問題だ」と自己責任——共同体的自己責任を含めて——に帰属される部分を残さなければ、四〇年遅れの福祉国家政策に堕落します。それを踏まえたうえで、二つ補足します。第一にバウチャー制。欧州の子育て支援は一部バウチャー制になっています。

バウチャーとは用途指定クーポン券のことです。教育バウチャーは五〇年代に新自由主義の総帥として知られるミルトン・フリードマンが言い出したこと。米国の一部の州以外に、欧州では、英国、オランダ、スウェーデン、あとはニュージーランドなどで採用されています。

ガバナンスから言えば、機関に一律に補助金を出せば「ただ乗り」的モラルハザードが起こるので、どの機関に補助金を出すべきなのかを利用者に投票させる制度です。利用者から言えば、自分に必要な条件を選んで無料で教育機関を利用できる便宜がある制度です。

舛添要一が言い出した「パチンコ親」は歩留まりの問題で重要じゃないものの、バウチャーは用途指定クーポン券なので、「パチンコ親」の抑止にも役立ちます。それはともかく公的支援をニーズに合致した無駄のないものにするには、バウチャー制の導入が必須になりますね。

現金支給はバウチャー制導入までの過渡的政策だと理解します。直ちに導入できない理由は幾つかあります。まず幼保（幼稚園と保育所）一元化や認可保育所制度廃止が前提になります。さらにそれによって、利用できる施設を多様かつ多数展開することが前提になります。

福山 もっと言えば、文化とか音楽に子ども手当を使ってもいいよというだけの社会の度量の深さというか。

宮台 分厚さ。

福山 分厚さがいるわけですよね。

宮台 そうした前提が存在しない状態で、バウチャー制を導入しても利用者の便益は上がりません。それなら用途を利用者に任せる現金支給のほうが合理的です。とりわけ共働きの夫婦は子育て費用が馬鹿にならないでしょうから、所得支持政策で支えますよ、というふうにね。

その場合、多くの親は、高校や大学の無料化がまだ先なので、進学に備えて貯金するでしょう。それでいい。つまり、バウチャー制導入は、幼保一元化、認可保育所制度廃止、高校（大学）無料化などと、一体である必要があります。一体で制度設計を進めるべきなんです。

福山 全くそうですね。決めつけはいけませんが、傾向としてやっぱり所得の低い家庭ほど子どもへの虐待は相対的に多く見られ、学力低下が見られるわけです。

宮台 僕も、二番目の補足として、それを申し上げようと思っていました。

福山　だから教育だけに使えるバウチャーというかたちで渡すと、使途が制限されてしまう。目をつぶって生活費に充《あ》ててもらっても、そこで虐待が多少収まり、子どもに学習機会を与える気分に親がなってもらえることまでも、僕らは想定をしているんですね。

宮台　とても重要です。湯浅誠さんがリサーチしていらっしゃいますが、育児放棄に見えるケースの多くが、共働きでも月に一〇万も保育料を払えないので、二つも三つも仕事を掛け持ちするような家庭なんです。まさに先に述べた〝緊急避難〟として、直ちに現金支給が必要です。

福山　そうですね。

宮台　舛添要一は元厚労大臣のくせにこうした問題を見ていない。どこに目をつけているんだ。舛添は仕方ないとして、舛添発言を垂れ流すマスコミも愚かすぎます。経済的困窮ゆえの仕事掛け持ちが、育児放棄「現象」の一角を占めていることなど、常識じゃありませんか。

福山　年収二〇〇万以下の非正規社員が今もう一三〇〇万人以上。それから生活保護世帯が一二〇万ぐらいか。だけど生活保護というのも、だいたい捕捉《ほそく》率が五分の一といわれているので、約五〇〇万。そういった層の方々の精神的な不安定さや将来に対する不安を考えたときに、彼らに対する政治的なメッセージという意味合いも、今回は兼ねていると僕は思っているんです。

宮台　そうです。おっしゃるとおりですね。

福山　そこを単に子育てという狭い枠にはめると、深いところで政策の方向がずれてしまう。

宮台　そうです。でも福山さん。子育て支援が現金支給のかたちをとらざるを得ない理由は然々《しかじか》なんだというメッセージを、民主党が党ならびに議員のホームページで一斉に出すべきです。さもないと、前提を分析する能力のない馬鹿マスコミに、単に国際比較されてしまいます。
福山　そうですね。
宮台　基本的な生活の水準さえ維持できない共働き世帯がこれだけいるときに、バウチャーなんていう暢気《のんき》なことができるわけがないだろうって言えばいいんですよ。
福山　なるほど。
宮台　少なくとも、舛添発言の如《ご》きがマスコミで紹介されたら、直ちに「若干パチンコする奴が出てこようがなんだろうが、そんなものはものの数ではない。経済的困窮によるやむを得ざる育児放棄がこんなにあるんだ。小さなことには目をつぶれ」と発信するべきです。
福山　そこまで政治家がメディアで発信できるかなあ。許容範囲ギリギリかも。ただ本音は、そこは目をつぶらなきゃいけない。ミクロの部分に入り込んで、そこだけで政策の良し悪《あ》しを議論し出すと、全体を見誤ると僕は思ってるんですよね。
宮台　そうです。
福山　社会的な分厚さみたいなもの、子育て環境の分厚さみたいなのを整えること、例えば高所得の家庭で、子ども手当を使って、じゃあ、バイオリンを習わせに行きます、絵を習わせに行きますとなっても、「ぜいたくなこと、あんなものにお金を使って」という中傷が始まらない社会をつくることも重要なわけです。

宮台　大事ですね。出産と子育ては公的な振る舞いです。人口学的再生産ならびに共同体再生産の要《かなめ》だから。公的な振る舞いである子育ては、基準をクリアすれば一律でいいわけじゃない。文化的多様性という意味でも、突出した人材の必要性という意味でも、ある種の過剰さが必要です。

福山　これも政治家が言えるかどうか……。

宮台　余裕のある家が二万六〇〇〇円を使ってプラスアルファのチャンスを子どもに提供することが、公正《フェアネス》の観点から問題なしとしないことは当然です。でも公正《フェアネス》は「最低保障」の意味であるべきで、どのみち存在する富裕層の突出や過剰は許容されるべきです。

福山　要は子ども手当で所得制限をするかしないかという議論はそこにかかるわけです。僕は所得制限しなくてもいい、と主張し続けています。でもそこはもう決めるしかないんです。

宮台　最初はそうなんですが、あとで補正していくしかない。

福山　そうなんです。

宮台　〝緊急避難〟の意味合いが強い以上、線引きについて今ぐだぐだ論争している場合ではない。小異を捨てて大同につくという優先順位の決断が必要です。しかしまあ、線引き問題というのはどこでも、「総論賛成、各論反対」で、大切な提案が葬られてしまう原因ですね。

福山 大変なんです。僕ら党内でこれはもう散々議論したんですから。六〇〇万で切るのか一二〇〇万で切るのかと。そしたら五九〇万の家庭と六〇〇万の家庭では、例えば所得制限で子ども手当を半額にすると。こっちは二万六〇〇〇円でこっちは一万三〇〇〇円だと。五九〇万のほうが可処分所得多くなっちゃうんです。合理性がなくなるわけです。また、一〇〇〇万の所得があって、子ども手当もらえない。ところが今の社会は会社を経営してたって、突然倒産して、その人は所得がなくなるかもしれない。一方で、前年度の所得で全部把握しなきゃいけないわけです。今、所得なくなってるのに、前年度の所得だから二万六〇〇〇円渡されないっていった瞬間に、子どもは丸裸になってしまうわけですよ。

細かい技術的な議論よりは、さっき宮台さんが言われたように、子どもを育てる社会を一日も早く分厚くしていくということのほうが、僕は価値としては高いと思ってるんですよ。

第三章 民主主義の代償

民主主義のコスト

宮台　地方は今どこに陳情に行っていいか分からなくて右往左往しています。これからの民主党は、堕落したくないなら、安易に陳情に応じてはいけません。陳情は「ああしてくれ、こうしてくれ」という依存です。「こういう施策、政策はどうか」という「参加」ではありません。

依存的要求から参加的提案への変化が必要です。陳情からロビイングへの変化が必要です。依存的要求＝陳情と、参加的提案＝ロビイングとの、決定的違い。前者は、良くも悪くも、局所的な権益要求。後者は、やはり良くも悪くも、全体的なガバナンス要求だということ。

良くも悪くもと申し上げたのが大切です。身体障害者、精神障害者、要介護の高齢者、社会的弱者はいろいろいます。彼らは自分の責任に帰属できないハンディを社会的に補完せよと、局所的な権益要求をして当然です。全体的なガバナンスなんか知るかよ、という態度でいい。

ただ政治家は、たとえ利益代表であれ、ガバナンスを考える責務があります。ガバナンスとは社会全体をどう回すかということ。両立不可能性《アンチノミー》（あちらを立てればこちらが立たず）や合成の誤謬《ごびゅう》（部分的最適化を寄せ集めたら全体が沈没）を考慮しなければならないのです。

たとえ社会的弱者でも、「あれしてくれ、これしてくれ」のクレクレタコラ（七〇年代半ばの特撮テレビ番組）的な陳情より、「このボタンをこの順番で押していただければＯＫ、仕掛けはこちらで用意します」というロビイングのほうが、ずっと有効であるのを知るとよい。

ロビイングは、権益代表からのお願いにすぎない陳情とは違います。簡単に言えば、こうすれば実行できますというセットアップを含めて持っていく。全体の中にこうハマりますという設計も含まれます。中には、政治家とのややダーティな取引も含まれます。それでいい。

福山　そうですね。宮台さんの言われるその陳情団は、彼らはあれしてくれ、これしてくれって言うんですけど、ちゃんと裏で票を持ってくるわけですよ。

宮台　それはそうですね。

福山　つまり貸し借りの取引が今までの自民党は成立してたんです。僕は地元でも言っていますが、私はすぐに直接票をくれとかカネくれということは言わないと。そんな関係はイヤだ、と。私は汗はかく。それに応えていただくのは皆さんだと言うんです。

政権交代後、今まで自民党と政治的に距離があった団体やNPOの中には、選挙までは中立だという錦の御旗を掲げて、選挙が終わって、民主党が勝った途端、あれこれと大変な勢いで言ってこられています。ほんとに過剰期待と過剰要請なんです。うわっ、民主党勝った。福山さん、今までも話をよく聞いてくれた。全部実現するんじゃないか、今まで自民党に無視されてきたけれども、やっと自分らが聞いてもらえる状況になったと。要求レベルがボーンとハネ上がるんですね。

宮台　それは、そうでしょうね。

福山　それで、「いや、それは無理」「すぐに、そこまではできない。ちょっと待ってくれ」と言うと、「やっぱり今までの政治と変わらないじゃないか」という反応になるわけです。そうじゃないんです。政治っていうのは基本的に時間がかかる、民主主義のコストは時間と手続きなんだと。

宮台　よく分かりますよ。

福山　そのことを理解してもらわなきゃいけない。僕らが政権を取ったからといって、自民党的にバッサバッサと調整もなしに物事進めたら、小泉政治の二の舞いになりますよと。

宮台　日本の有権者も、政策だけでなく、政治過程も考えないと。繰り返すと、別に本業がありつつ基礎自治体の議会に手弁当で参加するという、米欧では当たり前の「参加」の訓練をせず、投票だけしてきたからです。今までは政策も考えず、権益だけ考えてきたんですが。

福山　そうですね。

宮台　「どのボタンをどういう順番で押すかを間違うと、通る政策も通らない」ということです。このことは僕が政治がらみの講演をするとき必ず述べることです。それというのも、僕自身が何度かロビイングの経験があるからです。番組出演枠を用意しましたとか言って（笑）。

福山　何度も言いますが、民主主義のコストは時間と手続き。

宮台　そうですね。

福山　時間がかかるのがイヤなんだったら、手続きが面倒なら、独裁者に全部決めてもらえばいいわけですから。

宮台　実はそれも有権者の問題、したがって、有権者をどう教育するかという問題なんですよ。

福山　僕は、政治教育という言葉があまり好きではなくて、そのことを「民主主義のトレーニング」と言っています。

宮台　つまり、「良い政策なのになぜ実現できないんですか」「政策が良いのは百も承知。だが政策の実現にも、様々な人々や団体の経緯や文脈があり、それらをクリアする必要がある。政策が良ければ実現できるはずだとの思い込みはやめてくれ。政治はそんなに簡単ではない」と。

福山　毎日その葛藤《かっとう》の繰り返しです。

宮台　さっきも申し上げたけど、政策について関心を持ち始めたのさえ、ここ数年ですからね。政策を実現するにも政治過程が必要だというところまで学習するには、まだちょっと時間がかかるのは仕方がないかもしれません。

福山　だから、いきなり要求レベル高くなるんですよ、急にね。僕は、「いやいや、ちょっと待って、待って」ばかり。

宮台　僕の周囲もそうなんですよ。皆さん、焦りがちですよね。

福山　焦る。「ちょっと待って。政権取ったんだから、最低四年か八年あるから、ちょっと待とうよと。今までゼロだったんだから」と言ってるんですが、なかなか分かっていただけない。

政治は数？　直接つながる民主主義

福山　この間も、僕が外務副大臣になった途端、「シンポジウムに鳩山総理やオバマ大統領を呼びたいので、そのお願いに行きたい」という話が幾つか来ました。また、鳩山総理もオバマ大統領も核の廃絶を言われていることから、明日にも核がなくなるんですよねという類のメールやFAXがたくさん来ています。

宮台　すごすぎますね、それ（笑）。

福山　気持ちはすごく分かりますし、期待感があふれていてありがたいのですが、ちょっと、皆さん舞い上がられている面もあるのかな。

宮台　先ほどお話しした「ロビイングの遥か手前の陳情レベル」という現実の、バリエーションですね。投票と陳情以外に「参加」経験がなく、それゆえに政治過程を知らず、結局、政治家を「ドラえもん」や「神社の神様」と同一視しているんですね。お願いすりゃいいと。

でも、それ、僕もありますよ。僕が福山さんとずっと昔から仲がいいって、一部ではよく知られているので、「福山さんにこれを言ってください」「これを渡してください」とかって、けっこうもらったりするんですよ、実は。

福山 そうなんですか、ご迷惑をおかけして申しわけありません(笑)。

宮台 もちろん、全部渡していたらキリがない。でもその時は断りづらいですよ(笑)。だから、ケースバイケース。僕のほうで適宜判断させていただいています。

福山 今のはちょっと極端な例なんですけど、そのぐらい要求レベルは急に上がる。

宮台 僕はテレビを滅多に見ないのですが、先日見たテレビ番組で、民主党政権ができてNPOの人々が活気づいたという特集をやっていました。「これからはNPOが民主党と対等にパートナーシップを結んで政策を実現します」とかって。ちょっと心配になりました。

でも、番組は何のためらいもなく「本当にそういう時代が来たんですね」とかって紹介している。民主党に対する応援歌のつもりでつくっているのだとは思います。しかし、まだ政治過程の合理性に注意が向く前の、政策的合理性の段階なのだと思いました。

福山 だからこそ政治過程の中で、NPOが参加できるシステムをつくらなきゃいけないわけです。今までなかったんだから。政策を実現するには、政治過程があるわけです。例えば、気候変動問題については、「僕は理解しているから、他のステークホルダーのところへ行って、どんどんボタンを押してほしい。僕はいいから、流れをつくってください」ということを僕は今言ってるんです。「政治は数であり、いかに味方をつくるかが問題ですよ」と。

宮台　なるほど。もしかすると、その番組に出ていらっしゃったのは、福山さんのところにも来ている環境団体かもしれませんね。気候変動枠組条約の話だったように記憶していますし。

福山　二五パーセント削減の話だったから。

宮台　おそらく、そうですね。

福山　（笑）

一方で、それはとてもいいことなんですよ、政治にアクセスできると感じていただくことは。イコール政治が身近になった一つの証拠ですからね。この間も実は「朝まで生テレビ！」に出演して、湯浅誠さんが一緒で、ジャーナリストの上杉隆さんが「最近民主党の人間に携帯電話で電話しても大臣とかになった人はつながらないんですよね」って言うわけですよ。最近はほんとにつながんないですよ、みんな忙しいので。僕も電話には出られないのがほとんどです。

宮台　僕が電話しても三回に一回つながればいいほうですね。以前は必ずつながったけれど。

福山　で、その時、湯浅さんが「なかなか政治は実現するまで時間がかかる」って言ってくれたので、僕はそれを引き取って、逆にこう言ったんですよ。それは違うと。先ほど申し上げた話と反対に聞こえるかもしれませんが、今までは湯浅さんと自民党が政治過程の中でつながろうと思ったら何段階もあったと。派遣村っていうのは何、湯浅って誰だっていう説明から始ま

った と。我々は、それは違うと。湯浅さんから携帯電話一本もらったら直接につながる関係がいっぱいあるはずだ。それはNPOにしたって誰にしたって同じことです。それだけでも政治との距離は全然違うはずだと。例えば湯浅さんから電話もらったら、僕はその場では出られないかもしれないけど、必ず折り返して電話する。その関係があるだけで、全然違うじゃないかと言いました。しかしそれはリスクでもある。裏表なんですよ。

宮台 確かにリスクがあります。いろんなつながりが同時にあるわけですからね。あれもこれも同時に満足させることはできないから、必ず「ちょっと時間をくれますか」って言わざるを得ない。

福山 そうです。「朝まで生テレビ!」のあとに早速、湯浅さんから携帯にかかってきたので、僕が長妻（昭）厚生労働大臣に電話して、「ちょっと早く会ってあげてください」って言って、つないだんです。そうしたら、いつの間にか内閣府参与になられていました。さらに、もう一人紹介しますと、先ほど話が出た清水康之さんも内閣府の自殺対策緊急戦略チームのメンバーになられています。これまでなら考えられないですよね。

かわいそうな自民党

福山 面白いのは、官邸に、今度、気候変動のことで検討チームができるんですけど、僕もメンバーの一人ですが、トップが菅副総理なんですよ。その中のタスクフォースができるときに外務省の気候変動課の人がいろいろ言うから、「分かった、分かった。じゃあ、菅さんだね」ってその場で菅さんに電話したんですが、出られなかったので、留守電に、「ごめんなさい。副総理、お忙しいところ。気候変動で今度よろしくお願いします。いろいろお話があるので、電話ください」って吹き込んで電話切ったら、気候変動課の人が、「え？　今の副総理のケータイですか」って言うから、「そうだよ」って言ったら、「え！　え！　秘書官とかではなくて？」。逆にこちらは、「はぁー？」って。

一方で、気候変動課の人が条約交渉の内容を、僕と打ち合わせするじゃないですか。で、彼らはそのまま総理官邸にも報告に行くんですよ、交渉はこんな具合だった、と。そうしたら、総理が、「ああ、分かった、分かった。で、今度、福山君がなんかアメリカ行くらしいな」という話になって、え？　なんでこんなことを総理はいきなり知ってるんだみたいな話になるわけですよ。「鳩山総理と、たまに電話で話しているよ」って言うと、「はぁー？」って。このことで分かるのは、自民党と民主党は全く体質が違うということ。民主党の政治風土はやっぱり自民党にはなかったんですね。風通しがよいというのか……。

宮台　霞が関官僚の福山さんに対するリアクションを通じて、自民党がどんな意味で派閥政党だったのかがよく分かるという点で、今の話は、重要ですね。加えて、自民党政治の非合理性を明るみに出してくれます。それでは効率的に政治が回るはずがありませんね。

福山 回るはずない。外務省に行って最初に感じたのは、悪気はないと思いますが、官僚が、大臣・副大臣・政務官の間にお互いのコミュニケーションがないことを前提に、徹底的に情報を分断するんですよね。

宮台 かわいそうな政党だったんですね、自民党って。官僚のケツをなめるしかないのは、それじゃ当たり前ですから。

福山 ええ（苦笑）。

宮台 官僚主導だった理由が、官僚側にだけあるんじゃなく、むしろ自民党側の問題だったとは（笑）。

福山 それも派閥政治だから、違う派閥の人とのコミュニケーションってほとんどないわけでしょ。

宮台 ダイレクトに電話しちゃうと、頭越しで誰かの顔潰したという話になっちゃうわけね。

福山 分断することが役人にとってはある種の利益だったわけです。ところがうちはそうじゃないから。携帯電話でいつでもOKの人が多いので（笑）。

日本はなぜ敗れるのか

福山　だから官僚も面食らってる部分と、あと使い勝手がある部分と両方があって、一方で政治家が、利用される可能性もあるんです。先日、地震があったでしょ、インドネシアで。岡田大臣が外遊中だったので一応報告が僕に来るわけですよ。ところが大臣不在の時の法律上の代理は平野（博文）官房長官。だからインドネシアに緊急援助をするのに官房長官の了解が、要るわけですよ。ところが夜中とかは、事務方同士だとなかなか連絡つかないわけですよ。それで、「官房長官にちゃんと確認したか」って言ったら、「いや、まだ確認取れてないんです」って言うから、「分かった」って、官房長官に直接携帯で電話して、「こうですよ、いいですか」って、「おお、いいよ、いいよ、フクちゃん、いいよ」みたいな話で、「ＯＫ。これでいいよ」と言ったら、こちらが想像するより遥かに喜ばれて。でも、電話しただけなんですよ（笑）。

宮台　面白いですね。日本がなぜ戦争に負けたのかという問題の本質に関わる問題です。丸山眞男は「抑圧の移譲」「公を騙《かた》る私の肥大」「セクショナリズム」を挙げました。セクショナリズムについて言うと、セクションを超えた意思決定ができない状態になるのですね。

官僚行政は縦割が当たり前。勝手に省庁間で連携されちゃ困る。これら縦割になった互いに無関連な省庁を、どの省庁にも帰属しない大目的の下、どの省庁からも無関連な政治家が使いこなす。それが本義です。ところが政治家が省庁官僚の操り人形になってしまうんです。

政治家が省庁官僚の操り人形になる理由は、政治家同士が分断されて、政治家が省庁官僚を自分のリソースだと思い込んでしまうからです。だから省庁の実務官僚同士が連携を取ろうにも、内閣の政治家が議院内閣制的に一致団結していないので、取りようがないわけです。

福山　意識してませんでしたが、十数年の野党経験はこんなところで有効でした。ボクらはそれぞれのグループもゆるやかだし、政策決定はとてもオープンでしたから。

宮台　福山さんは古くから環境問題の専門家でいらっしゃるけど、今年は国連の気候変動サミットでの鳩山演説における二五パーセント削減コミットメントに続いて、コペンハーゲンでCOP15（第一五回締約国会議）が開かれるなど、環境問題は外交問題の最重要案件になりつつあります。

その福山さんが、外務副大臣になるか、国家戦略局で仕事をするか、迷っていらっしゃった。僕はこんなふうにお答えしました。僕が福山さんの友達じゃなかったら「国家戦略局に飛び込むのが権力中枢にいずれ近くなるから面白い」と思うけど、福山さんの友達としては「福山さんにしかできないことができるのだから外務副大臣がいい」と思いますよ、と。

政治家と役人の不思議な関係

宮台　すでに踏み込んでもいる話ですが、福山さんが外務副大臣になられてから一ヶ月ほどお仕事をなさって、「そういうことだったのか」ということを含めて、政治家と役人との関係や、役人の行動原理や、役人が期待している政治家像など、気がついたことがありますか。

福山　そうですね。まず率直に言うと、外務省の官僚っていうのは、おそらく日本の官僚組織の中で財務省と並んで極めて優秀だと思いますね。一人一人の個々のクオリティは非常に高い。これはもう掛け値なしに思いますね。

だから何かオーダーをしたときのレスポンスの速さとか、そのことが何を意味しているかを感知する能力とかは速い。これはもうすごいと思いますね。

では、その中で僕らの政権の特徴は何であるのかというと、大臣と副大臣と政務官がミッションを持ってチームとして入っていくことです。ミッションは「マニフェストに掲げたものの実行と、それから税金の無駄遣いをなくす」。大臣と副大臣と政務官、政務三役のコミュニケーションが、優先順位《プライオリティ》としては最も重要なことです。常に自分らは何のミッションで今動いているのかを確認し合いながら、一つ一つ判断していかないと、官僚にコントロールされてしまう可能性がある。

だから今回の各省庁のチームというのは、それぞれ専門性がある人がいて、例えば国土交通省で言えば馬淵（澄夫）さんのような方が副大臣にいる。

僕らは大臣が外遊中でも、副大臣と政務官でコミュニケーションを怠ってないか注意をしています。官僚は基本的にいかに分断させるかを考えてるような気がします。着任早々はとにかく政務三役を一緒にさせないようにしていた感じなんですね。

宮台 さしつかえなければ具体的なエピソードを教えていただけますか？

福山 就任直後の話ですが、二つ課題があって、一つは一〇月一日に天下りの集中日があったんですが、その前に「この人たち天下りではありませんから、この人事を決裁してください。そしたら大臣に上げますから」っていう紙が突然私のほうにわずか一〇分ぐらいしかない移動のクルマの中で渡されるわけです。「今決裁してもらわなきゃ困る」と言うから、「こんなのバックグラウンドもどういう人かも分からないのに、決裁できるか」と突っ返すわけです。それで、もう一人の武正《たけまさ》（公一《こういち》）副大臣には、その情報は全く行っていなくて、別の補正予算の見直しについての情報が行っているわけです。そこでも彼は決裁を求められるわけです。

宮台 なるほど。意図的な分断統治戦略ですね。

福山 そうすると全く違う情報が別々に行って、別々に決裁を求められて、僕らが別々に了解すれば両副大臣から了解をいただきましたと言って大臣に上がる仕組みになるわけです。もちろん、副大臣には担当領域があることを前提に彼らは行動している。どんどん情報が分断されていく可能性も否定できない。

武正さんに「ごめん、人事の話で決裁来たけど、来た？」って言ったら、「いや、来てない。

補正予算の削る話で決裁来たけど、福山さんとこ来た？」「来てない」と。これはまずいと。

宮台　まずいですね。役人たちの振る舞いの全体像が副大臣側からは見えず、逆に役人側からは副大臣側の振る舞いの全体像が見えるので、副大臣側の反応はおよそ役人側が想定する範囲内に落ちることになりますね。

福山　だからとにかく二人にはちゃんと共通の資料を出すように指示を出したわけです。

で、ここから分かるのは、自民党は派閥ごとに非常に機械的に副大臣、政務官を決めていたわけです。いわばアテ職で専門性もあまり関係ない。だから副大臣同士、政務官同士といっても派閥が違う人の集まりだから、コミュニケーションがもともと少ない。実は副大臣室も政務官室も離れている、大臣室も離れてるわけです。ほとんど顔を合わさなくても済むんですね。秘書官と役人の情報と報告だけを聞いていれば、見かけ上は仕事ができる状況なんです。

ただその情報の重要性について確認もできない状況になるわけです。基本的には危ないと。

宮台　なるほど。その話が面白いのは、単に、役人が手練手管に長けているので政治家が手玉に取られているというのではなく、むしろ、自民党の派閥政治的な仕組み《アーキテクチャ》に官僚側が適応して、ある種の最適化を行った結果、役人のハンドリング能力が上がってる点にありますね。

福山　全くそのとおりだと思います。

宮台　適応的最適化《アダプティブオプティマイゼーション》（その都度の条件に適応した最適化）の結果、役人の行動原理が生まれたのだということですね。

福山 官僚を性悪説で見るか性善説で見るかはとても微妙な判断なんです。

宮台 社会学者であれば百パーセント、霞が関側ではなく、旧自民党側の問題だと分析します。なぜか。マックス・ウェーバーの分析によれば、官僚組織は形式合理化（予測可能化）を課題とするので、権限の内部で予測可能性を高める行為を徹底的に追求するものだからです。

福山 はい。派閥の違う政治家間では逆に変に情報を共有するほうがまずい。

宮台 そうです。相手の行為を予測可能性の枠内に収める――簡単に言えば思いどおりに制禦する――には、自分たち霞が関側よりも相手である政治家が持つ情報量を、何としてでも減らすことが合理的だからです。だって、僕が役人だったならば、必ずそのように行動しますもの。

福山 それぞれ別々にして分断をしていけば、実は官僚にとってもコントロールはしやすいし、かけるエネルギーも少なくて済むということだったんだと思うんです。政治家の顔も立つということもあったかもしれない。

宮台 派閥に所属するということは、大事な問題であるほど派閥に持ち帰る必要があるということ。副大臣同士あるいは副大臣と政務官の話し合いで解決しようとは言えないわけです。役人としては派閥に持ち帰られてA派閥とB派閥で違う結論が出てきたらもう動かなくなる。

これでは、ダメな政治のせいで、行政が動かなくなってしまう。だったら片側にだけ伝えよ

う と。これはまさに適応的最適化であって、直ちに官僚が悪いと言うことはできません。少なくとも出発点においてはそうしたものだった。

福山 ほんとにそうですね。

宮台 そうしないと回らないから、合理性があってそうなっていたということにすぎない。

福山 僕はかねてから、三〇八議席を持っている政権に対して、官僚が非協力的であるとか抵抗することはあり得ないって言い続けてきました。ただし、それはきちっとこちらから指示を出すということが条件だと。

宮台 もちろんです。

福山 指示を出せば彼らはちゃんと協力してくれるはずだと。その指示の出し方が個人に由来をするのか、政務三役が指示を出してるのかによって、正当性も全然違ってくると。試行錯誤の繰り返しです。

ただ最近は、処理する案件が多すぎて、だんだん他の副大臣や政務官の動向が分からなくなりつつあります。まずい、と思いつつも、忙しさに負けてしまう。

官僚の恐怖

宮台 二五パーセント削減問題で経産省の望月晴文事務次官が、平たく言えば「それは不可能である」というコメントを公表しました。僕はすぐいろんな番組でコメントしましたが、日本が議院内閣制の手本とする英国ならば直ちに罷免の対象だと。罷免して官房付きにせよと。

理由は、たかが行政官僚の分際で政治を妨害したからです。政治家の言うことが無理かどうかを、パブリックサーバントである官僚の分際で判断することは許されない。それを判断するのはあくまで国民です。こういう官僚を降格できるように法改正する必要がありますがね。

福山　望月次官は立派な方なのになあ。選挙前に農水省の事務次官も記者会見で「民主党の戸別所得補償制度は実現不可能だ」って言ったわけですよね。

宮台　そうそう。あれも行政官僚による同じようなリアクションでしたね。

福山　これは選挙前に言ってるんですよ。完全に選挙妨害。政治行為以外の何ものでもないんですよ。それは公務員としてはあるまじき行為なわけですよ。

宮台　そうですね。当然罷免すべきですが、あえてそうせずに、貸しをつくって手なずけるのも一つのやり方です（笑）。

福山　このことも官僚組織と自民党の相互依存関係を如実に表していて、自民党を守ることが染みついていて、自民党を守ることと官僚の利益が一致しているということを天下に知らしめた行為なわけです。あの記者会見は全く逆効果でした。

だから各事務次官の記者会見っていうのは、自民党の政策を裏づける正当性を与え、相手の党の政策についてはネガティブなイメージを与える。もしくは記者クラブの記者にそういうイメージを与えるという構造が出来上がっていたわけで、これはもう宮台さんが言われたように、国家公務員としてはあるまじき行為ですよ。それで、政権交代して、事務次官の記者会見はやめることにしました。

宮台　はい。ただし、官僚性悪説として理解するより、構造的問題として理解したほうがよいでしょう。というのは、先に申し上げたとおり、自民党政治は「お任せ政治」で、国民は自民党議員に任せていますが、任せているのは権益の配分。政策がどうのこうのじゃない。

政策については、自民党議員は政治家でありながら、霞が関官僚に任せるのが前提です。逆に霞が関官僚側からすると、霞が関がつくり出したフォーマットやプラットフォームのうえで政治家に議論してもらったり、行動してもらうことが、前提になっていたということですよ。

それが何十年も続いてきた。ところが政権交代した新政権が「官僚がつくり出したフレームに従っては行動しません、我々政治家側が新しいフレームをつくります」と言えば、官僚側が「待ってくれ、何十年もそういうふうにして仕事をしてこなかった」となるのは当然です。

福山　そうですね。

宮台　ただ、あとで話しますが、これは慣れ親しみ《ファミリアリティ》の問題です。日本人の集合的振る舞いは、イデオロギッシュに特定の立場に固執するのは稀で、自明性が崩れるのを恐れて「反対」する場合がほとんどです。「こんなはずじゃなかったんだが」みたいなものです。

高速道路無料化を恐れるとか、選択的夫婦別姓化を恐れるのも、慣れ親しみの問題で抵抗する向きが大半なので、むしろ無理やり実行してしまえば、しばらくすると別に構わないんじゃないかとなる。昨日までの「鬼畜米英！」が、今日から「アメリカさん、ありがとう！」になるのと同じです。

福山 そうですね。だから僕も全てが悪だとは思いません。官僚側にも自分たちのフレームが壊される恐怖心みたいなものが直感的に、全体としてはあったんだと思うんですよね。

予定されていなかった鳩山演説

福山 宮台さんに言っていただいた国連気候変動サミットでの二五パーセント削減の鳩山総理の演説ですけど、あれは基本的に鳩山総理を含めて、何人かのチームで政治側が文章をまずつくりました。
宮台 国際的な場での演説を、霞が関官僚ではなくて政治家だけで書くっていうのは、戦後初めてのことでしょう。
福山 分かりませんが、初めての可能性はあるかもしれません。
宮台 少なくとも先進各国では当たり前のことですが、それにしても素晴らしいことです。

福山　だから国連総会のあの例の一般討論演説、それから安保理での核廃絶の演説、最初にやった気候変動サミットでの演説も、基本的には政治家と政党のスタッフで書いたわけです。もちろん、組閣後だったので、各役所に確認はとっていました。ただし、その前にあった「朝日地球環境フォーラム２００９」での鳩山総理のスピーチはまだ組閣前だったので、当然、官僚は介在をしてません。

「二五パーセントの削減をマニフェストどおりに言った」というのがニュースになるわけですよ。このことが僕らには訳が分からない。だってマニフェストで約束しているわけですから、表明するのは当たり前なんですが、それが一面トップ。確かにセンセーショナルだったわけですけど。個人的には、あれを当たり前のように堂々と言ってのける鳩山総理はやはり宇宙人かな……と（笑）。

もう一つ重要なのは、あの朝日フォーラムのスピーチのおかげで、国際的な注目度が俄然《がぜん》上がるわけです。鳩山総理のプレゼンスが上がるわけです。国連の気候変動サミットでオバマ大統領のあと、鳩山総理はどんなこと言うんだという期待値がどんどん上がる。

ところが鳩山総理の気候変動サミットの開会式の演説というのは、実は予定されてなかったんです。日本の総理は開会式後のラウンドテーブルでちょこっと発言する予定だったわけです。今まで日本の総理は気候変動問題では大したことを言ったことないので期待されていなかった（笑）。

宮台　そうですね。官僚側は――当然「官僚にお任せ」の自民党政治家らも――環境問題にはコミットしないということになっていました。首相が代わろうが外務大臣が代わろうが経産大臣が代わろうが、それだけは変わらないと誰もが思っていたので、誰も注目しませんでした。

福山　だから外務省も含めて、日本の総理の演説を、というオファーをしていないんです。だって何も特別なこと言えないいんだから。

ところが、今回、外務省に、とにかく期待値が上がってるから開会式で演説できるようにもう一回働きかけてくれと。僕の外務副大臣としての最初の指示がこれでした。

外務省の総合政策局と国連代表部のメンバーが、鳩山総理は、あの朝日フォーラムのスピーチも含めて非常に思い切った演説をする予定だから、なんとか開会式に演説をさせてくれということを交渉してくれた。これには伏線があって、その朝日フォーラムの時に気候変動枠組条約の事務局長のイボ・デ・ボーア氏が来ていて、鳩山さんと個別に会談をしてるんです。その時に鳩山さんの決意を聞いて、デ・ボーア事務局長自身も感銘を受けて、これでひょっとしたら国際交渉は変わるかもしれないと言って帰るわけです。

だから、デ・ボーア事務局長も鳩山総理のスピーチを入れてくれというオーダーを出して、サポートしてくれていたわけです。それで、潘基文《パン・ギムン》国連事務総長も了解をし、外務省も頑張って、あの開会式の演説の場面をつくってもらえるようになるわけですね。

僕は十数年間、気候変動問題に関する国際会議を見てきました。日本のリーダーのスピーチがあれほど評価や反響を浴びたのは初めてです。政治が決めて外務省に指示を出せば、一生懸命ほんとに動いてくれたんですね。

宮台　逆に言えば、自民党の政治家は、首相を含めて、指示を出したことがなかったということです（笑）。何というデクノボーでしょう。

福山　それで、「本当に二五パーセント削減って言っちゃった！」と今度は日本の新聞がまた大騒ぎになるわけですよ。マニフェストで二五パーセント削減と言った総理が、国連で世界のリーダーの前で違うことを言ったら、「後退した」とか、「折れた」とか「ぶれた」とか、批判一色になるに決まっているのに、同じことを再び言っても今度はまた、「また言ったー」みたいな話になって。この報道に関しても少し違和感がありました。

宮台　一つ質問があります。国連でのスピーチは、基本的に母国語で行うことが慣習ではなかったかと思います。たぶん外務官僚は日本語でやってくれとお願いをしに来たんじゃないかと思うんですが、そのあたりはどうだったのですか。

福山　鳩山総理が英語でやりたいと強く主張されたんです。

宮台　やはり、そうですか。

福山　母国語でやるというのが一般的ですが、そこはやはり総理の意思を重く見たということです。

宮台　僕はえっと思いましたが、結果的には英語でスピーチされたことがとても良かったです。なぜかというと、やはり英語だとダイレクトレスポンスが起こるからですよね。気候変動サミットの開会式での演説が日本語でなされていたら——各国首脳が翻訳で聞いていたら——各国でタイミングがずれて、ああはならなかったな。

福山　あんな拍手はないですね。

宮台　その意味で、少なくとも今回は、英語でスピーチしたことが良かった。というのは、日本で「二五パーセント削減問題」についての「空気を変える」きっかけになったからです。それまで懐疑的だった人も、皆が拍手喝采《かっさい》するのを見て、「ならばいいのかな」となった。

　先にお話しした「慣れ親しみゆえに固執する（一度変わってしまえば適応する）」ということと並んで「『みんな』の反応次第で態度が変わる（『みんな』の反応に適応する）」ということが、日本人の集合的な行動特性です。山本七平が「空気」と呼んだものですよね。

福山　あれほど国連での演説がテレビで流されるのもあまり見たことがありません。

宮台　国連で日本の首相が拍手喝采を浴びた。「そうか、日本の総理大臣がみんなに褒められてるんだ、うれしいな、だったらもう『二五パーセント削減』で行っちゃったらどうかな」と一挙に空気が変わり、七割以上の人が「二五パーセント削減」に賛成するようになりました。
逆に「今までの安倍晋三とか福田康夫とか麻生太郎って、ありゃ何だったんだ」と思うようになって、自民党支持率の急落に拍車がかかりました。内容的な説得で国論を動かすのも政治なら、日本的特殊性を利用して国論を動かすのも政治。結果責任としての政治ですよね。

福山　そうしたイメージもやはり大事で。クリントン国務長官と岡田外務大臣の会談がこの国連演説の前にあったんですが、日本の有権者からの反応でうれしかったのは、岡田外務大臣は身体《からだ》が大きいじゃないですか。クリントンと会談しても、クリントンも貫禄ありますけど、岡田外務大臣も体格も風貌《ふうぼう》も貫禄も負けてなかったと。それが見ててうれしかったって。そんな感想をもらうと僕らもうれしい。鳩山総理の演説と岡田外務大臣の精力的な外交も含めて、ほんと日本の外交が久しぶりに注目を浴びたという感じじゃないかなと思いましたね。

公約を守るとスキャンダルになる!?

宮台　マニフェストというイタリア語は、日本では政権公約とか選挙公約に近いものですが、正確な政治学的意味は、議院内閣制の議会選挙で「多数党にしてもらえたら、多数党が組閣する内閣で、首相予定者は然々の政策リストを実行します」と首相予定者が訴えるものです。先にも述べたように、マニフェストが意味を持つのは専ら野党にとってです。「マニフェストに記すぐらいなら実行してろよ」という話になる与党が実績を訴え、実績のない野党がマニフェストを訴えるのです。自民党がマニフェスト選挙だと言っている時点で大爆笑です。

この無知を横においたとしてさえ、自民党がマニフェストを訴えても意味がない。どのみち役人がつくり出したプラットフォームのうえでしか政治家が動けないことを、政治家も役人も国民も知っていたからです。福山さんのおっしゃるように、マニフェストが実行されたら驚きでした。

繰り返すと、マニフェストは、野党が国民に与党の実績と比較してもらい、投票行動を促すための約束です。政治家個人の約束でもなければ、党綱領のような党の存在理由を示す約束でもない。今回で言えば鳩山政権が政権を選択してもらうための交換条件を示す契約です。

契約だからマニフェストどおりのことができて当たり前。同じく契約だから民法でいう「事情変更の原則」が適用されて、事情が変わったことを国民に納得させることができれば、マニフェストどおりでなくても許される。許されたかどうかは次回の選挙における民意で示されます。

福山　もちろん僕らもそのつもりでつくりました。

宮台　民主党が議員内閣制の本義に戻って「国民が議会与党を通じて内閣を操縦し、内閣が行政官僚を操縦するかたち」をとると明言している以上、従来の自民党的な選挙公約とは違って、マニフェストをゆえなく破ることは、次の選挙で負けてもいいと宣言することと同じです。

次の選挙で負けてもいいと宣言しながら政権与党が内閣を操縦することは、議院内閣制自体への背信行為で、企業であれば背任にあたります。だから、全ての政策的選択の正当性が失われ、全てについて異議申し立てが噴出します。だから与党は普通そんな行動はしません。
とはいえ、従来の自民党政治は「国民が、議会を通じて内閣を操縦し、内閣が官僚を操縦する」のではなく、「官僚が、議会を通じて内閣を操縦し、内閣が官僚を操縦する」つまり「官僚が官僚を操縦する」お手盛り。政権公約に意味はなく、官僚が権益で腐敗して当たり前。
そんな糞みたいな政治が長期間にわたって自明なものだったので、国民もマスコミも、自民党のマニフェストと同じ種類のものだと思い込んでいるんです。むしろマニフェストどおりやれば、「官僚による官僚の操縦」の枠組を乗り越えることだから、スキャンダルなんですよ。

福山　それが、スキャンダルとは面白いですね。

宮台　その意味で、「二五パーセント削減問題」にしろ「八ッ場ダム中止問題」にせよ、政権交代後のマスコミの最初の反応は「一面トップ！」というわけです。マスコミの期待の地平、国民の期待の地平が、従来どのようなものであったのかが、よく浮かび上がる話ですね。

福山　そうですね。僕はあちこちで「マニフェストにこだわる必要ないんじゃないか」というお声をいただいています。僕が政権が代わったことを実感したのは、組閣後の最初の記者会見で各大臣が全員、官僚の書いた原稿ではない、自分の言葉で話していたことです。テレビで、各大臣の記者会見を見ながら、ああ、みんなすごいなあと思ったんですね。変でしょう。私がみんなすごいなあって思う感覚おかしいんですけど、でもすごいなあと思ったんです。同じ政党の仲間なのにね。

そしたら今度は前原さんが、八ッ場はやめると。サラッと言われた。だってマニフェストに書いてあるわけだから。そしたら、マスコミはやたら地元に取材に入って現場は反対をしているみたいなことを言うわけです。でも、そのマスコミは、ついこの間までは八ッ場は無駄だというレッテルを貼《は》ってきたわけですよね。これは全部情況主義的な対応であって、マスコミはどう総括するんですかと。

マニフェストにこだわる必要はない？

福山 ところが、そういった場面になるたびに「マニフェストにこだわる必要ないんじゃないか」という話が出るわけです。

宮台 なるほど。

福山 でも、政権取ってまだ一ヶ月の民主党が、いきなり、マニフェストに掲げたことは現実と照らし合わせると難しいので、「マニフェストにはこだわりません」って言った瞬間に、わが政権の正統性が一気に崩れ落ちるわけですよ。

宮台 おっしゃるとおりですね。

福山 意外なほどにマニフェストどおりにやれと言う人はあまりいないんですよね。圧倒的にマニフェストにこだわるなっていう論評が多い。それでは、とマニフェストにこだわらないようなことを言ったら、今度はおそらく「ぶれた」という大キャンペーンになるわけですよね。

これは先ほどのマニフェストの定義がなくて評価が見えないのと同じ構図です。いったいメディアは「何を基準に政治の論評をするのか」「何を基準に政治に対して批判をするのか」について明確にしないと、民主党政権が何か言ったりやったりしたことに対して、その場その場でネガティブなことを言うだけだったら、それは決して批判精神としては正しくないと思うんですよ。今後のマスコミが問われてる点じゃないかと僕は思う。

宮台 僕は、TBSラジオの番組で前原国交大臣の発言後すぐに「地元がどんなに反対していようが八ッ場ダム中止を宣言するべきだ」とコメントしました。ここでマニフェストを反故《ほご》にすれば、他でも当事者の反対があれば反故が当然という話になるからです。

政権開始の冒頭から、「当事者の反対があれば」「当事者の反対にゆえがあれば」などという、全てのマニフェスト実行につきまとう理由で「事情変更」を認めれば、マニフェスト選挙を戦った意味が空洞化し、民主党が政権担当することそのものの正統性に傷がつきます。

それが最大の理由ですが、派生的にこうしたこともあります。どこにでも通用する理由でマニフェストを引っ込めれば、「なんで八ッ場やめたのにここでやめないんだ?」「特に酌量すべき情状があるからです」という具合に全て是々非々の話になり、無原則が横行します。

無原則が横行するとは、自民党時代の糞政治と同じようになるということです。つまり、声の大きい奴が勝つ。有力者がついている奴が勝つ。マスコミを味方につけた奴が勝つ。そうなれば「民主党政治は自民党と変わらんじゃないか」という話になってしまいます。

ところが、マスコミは相変わらず「地元はこんなに反対している」ですからね。オツムはあるのか。それに、そもそも六〇年近く八ッ場ダムが採《も》めるようになった原因の一つは、衆議院中選挙区制の下、群馬県における自民党内部の票取り合戦なんです。爆笑でしょう。

福山 政争の具にされたわけです。

宮台 推進派の福田赳夫《ふくだたけお》に、反対派の中曾根康弘が対抗し、地元が二分されました。今になって自民党が地元の声を聞くべきだなどと言うのはお笑い種《ぐさ》です。地元を翻弄《ほんろう》してきた張本人である自民党如きに、「地元を翻弄する八ッ場ダム中止は許せない」などと言う資格はない。

福山 政権が代わって、政策を変えるわけですから、当然ひずみは出るわけです。ただ、その激変に対して我々は無用の混乱を起こさないように、八ッ場の場合で言えば補償措置をきっちり盛り込んだ法律を通すとか、例えば地方分権では補助金から一括交付金に変わるときの、ソフトランディングというか、最小限の混乱で済むようなかたちの仕組みをつくらなければいけないと思います。しかしマニフェストに掲げた政策の実現については、そう簡単に旗を降ろしてはいけないと思ってるわけですよ。だから、マニフェストにこだわるなと、政策についてこだわるなと言ったメディアは、何を根拠にこだわってはいけないのかをちゃんと明示してもらわないといけない。

宮台　マスコミは、マニフェストにこだわれば「地元を無視して」と言い、マニフェストへのこだわりを捨てれば「ぶれまくって」と言う（笑）。俗情に媚びたポピュリズムにすぎません。ちゃんと線を引いてみろよという話。線を引く実力もないくせに、ノイジーなんだよ。

福山　そのメディアが八ッ場を続けろと主張するのだったら、それはそれで話としては分かります。でも、地元が反対してるからというなら、意見を聞けという話だったらもう五七年間聞き続けているのではないか。逆に無視し続けているというなら、それも五七年間ずっと無視し続けていることになるはずです。

宮台　そのとおりです。

福山　だからといって僕らはその地元で翻弄されてきた住民を蔑《ないがし》ろにして八ッ場を中止にしろと言ってるわけでは決してないんですね。

先日、前原さんが八ッ場に視察に行かれた一週間ほどあとに、自民党谷垣総裁が地元の話を聞かれた。その結果、断固続けると言うのだったら僕は自民党の立ち位置は百歩譲って理解しますが、続けろとも中止とも言わない、話だけ聞いて「議論を続けましょう」だったら、いったい五七年間何をやってきたんですかと。その責任をどう国民に説明するのかっていう話にならざるを得ない。

これから四年間の鳩山政権は、やっぱりマニフェストをいかに実現するか、いろんな障害があっても、そこに向かって一歩一歩進んでいくという姿を見せることが、政権の最低限の責任だと思います。

宮台 どうせ利権がらみの動員があるから、地元がどれだけ建設中止に反対しているのか不明ですが、それは横におくとして、日本人に判官贔屓《ほうがんびいき》の美徳があるおかげもあって「当人たちは悪くないのに翻弄されて」という同情は当然です。民主党もいち早く具体的手当てに言及すべきでした。

前原さんが「マニフェストどおりですよ、建設はしません」っておっしゃった際、「しかし当事者の方々のダム建設に翻弄された経緯を承知申し上げているので、建設中止の穴埋めのための手当ては、立法処置によって行いますよ」と、同時におっしゃればよかったのになあ。

福山 補償については立法措置をするということは、ちゃんとマニフェストに明示してあるんですけど、今度はやっぱりアナウンスの仕方の問題ですよね、政治的なメッセージとして。

宮台 まあ、ガバナンス（全体を回す）の観点から言えば、線引きの明示されない「事情変更」の容認によるコンフリクトより、マニフェスト選挙に勝利した新政権がマニフェストを空洞化させることによるコンフリクトのほうが重大だ、と言明できないマスコミは問題です。

第四章　日本の内と外

どうなる普天間問題

宮台　日本のマスコミの水準は、鳩山首相が普天間基地移設問題で「ぶれた」と報じる点にも表れます。僕はぶれていないと思いますが、鳩山さんは、マスコミの水準を念頭に置いて、自分が何を言ったらどう書かれるだろうかと予想したうえで発言したほうがよいとは思います。

それはそれとして、ぶれていないことについてお話ししましょう。当たり前ですが、外交問題は国内問題とは違います。

福山　日本はこれまで外交問題を国内問題と混同してきました。先ほどの話と矛盾するように聞こえるかもしれませんが外交問題とマニフェストはあまりなじまないんです。

宮台　つまり国内で合意すれば済む問題ではなく、米国と合意しなければならず、それには、まず米国を交渉テーブルにつかせなければいけない。とすれば、米国との約束を破るかたちで、県外移設以外あり得ないとの国内合意にコミットすれば、交渉が始まりようがありません。

普天間基地移設問題について米国との交渉を「開始」するには、交渉なのですから、日本の事情を伝え、米国の言い分も聞いて、揉み合った結果どうなるか分からないのは、当たり前の話。日本が最初に「県外移設以外あり得ない」と言えば、交渉は絶対に始まりません。

鳩山さんは、米国に交渉テーブルにつかせるために当たり前のことを言っただけだということをマスコミが報じていません。ぶれていようがいまいが、それ以外の選択肢はありません。それは、交渉において「県外移設を極力お願いする」ということとは、全く別の話です。外交問題は国内問題とは違うので、マニフェストに書いてあるということは「県外移設を極力お願いする」という以上のものではない。そしていったん外交交渉で約束したことを、もう一度考え直していただく以上、日本側が「これしかあり得ない」とは絶対に言えない。

ただ、日本のマスコミは水準が低いので、「交渉の結論はいろいろあり得る」と当たり前のことを言えばどう反応するかは事前に読めます。であれば「マニフェストどおり、普天間基地の県外移設に向けて交渉します」と、当たり障りのない言い方をすればよかったのですよ。

むろん、こうした「国内向けメッセージ」がそのまま米国に伝わったのでは、米国は交渉テーブルにつきません。だから「国内向けメッセージ」とは別に、外交ルートを通じて「交渉の結論はいろいろあり得ると思っている」と米国に伝えればよかったんじゃないかと思う。

そのうえで、米国に「最初に結論ありきでは交渉に応じられない」と言わせればよかった。そうすれば国内世論も「米国がそう言っている以上、仕方ない」というふうになります。日本の問題は、マスコミも世論も、そのことが事前にシミュレートできないところにあります。

これはパブリック・ディプロマシー（外国の国民や世論に直接働きかける外交）の基本に関わります。それは二国間の外交交渉のプレイヤーは四者だということ。自国政府、自国民、相手国政府、相手国の国民。政府同士が合意したくても、どちらかの国民が噴き上がったら無理になります。

だから多様なリソースが必要になります。自国の国民を納得させるのに必要なリソース。相手国の国民を納得させるのに必要なリソース。相手国の粗相によって自国民が噴き上がっている場合、自国民を鎮めれば相手国政府に貸しをつくることになり、これがリソースにもなる。

それを踏まえると、経緯はどうあれ、自国民が噴き上がってしまえば、外交の足枷《あしかせ》になります。鳩山さんの発言は「米国向けメッセージ」としては良かったのですが、他の先進国はいざ知らず、マスコミの水準が低い日本では、「国内向けメッセージ」として不適当でした。

福山　そこはもう鳩山総理のお人柄なんでしょうね。

宮台　そうですね。

福山　ではなぜ、アメリカでの初めての日米首脳会談とかクリントン国務長官との日米外相会談で具体的にマニフェストに掲げたことを言わなかったか。それはもう一言でいえば、これから交渉始まるのに、日本はマニフェストでこれを約束したので呑んでくださいと言ったのでは、交渉にならないからです。まず信頼関係をつくって、そうでなくてもアメリカ政府からも、国際社会からも、今度の日本の政権はどういう政権だろうか、みんなそれなりに様子を見ている状況の中で、いきなり自国の事情を押しつけて交渉を始めるなんていうのは、全く外交交渉にならない。これは決して弱気なのではありません。
宮台 あり得ないです。
福山 最初の段階では、基本的にはお互いに価値観を共有していることを確認し合うと。
宮台 当たり前です。
福山 ですから核の廃絶にしても気候変動問題にしてもそうですし、それこそ感染症対策も含めて、鳩山総理が世界の架け橋になると言ったことは、オバマ大統領と価値観を共有することで、まずお互いの安心感を生み、いろんな疑念を払拭《ふっしょく》することが先決でした。

外交交渉とは何か

福山 しかしながら次の段階はアメリカもなかなか交渉に乗ってこないと思われる中で、どういうかたちで交渉していくか。それは例えばインド洋での給油について撤退一辺倒ではなく、単純延長はないという岡田外務大臣の表現は、まさに交渉のテーブルに乗ってもらうための一つの表現の仕方だと僕は思っていて、おそらく国民も外交は日本の意向どおりにはいかないことはなんとなく分かってると思うんです。
宮台 そうですね。
福山 しかしながら……。

宮台　問題はマスコミです（笑）。

補足をします。先に「事情変更の原則」と言いました。法学部に入ると民法の講義で「事情変更の原則」を学びます。契約がなされても、契約を支える社会的文脈が変われば、失効することがある、ないし、契約条件の一部が無効になることがある、ということですね。

狭義には民法の法理ですが、広く捉えれば、社会的文脈が変われば法律の適用条件や解釈が変わるという意味で、国内法全般に成立します。ただし小室直樹氏が述べるように、広義の「事情変更の原則」が効かない領域が二つだけある。憲法と条約ないし外交的約束です。

なぜか。憲法については、市民から統治権力への命令である憲法を、統治権力が「事情が変わったから解釈を変えます」などとやっていたら――日本では内閣法制局がそれをやっているのですが――憲法が憲法ではなくなる。つまり国民意思の覚書ではなくなってしまいます。

憲法については、事情が変わったのであれば、高い敷居を乗り越えて改正するしかありません。外交的約束の領域も似ていて、日本が「国内事情が変わりましたから約束はなかったことにします」はあり得ない。相手国にすれば「日本の国内事情など、知ったことか」。

福山　そうです。自分たちの都合だろうと言われてしまう。

宮台　まさに「てめえの都合」です。政権が代わろうが、マニフェストに何が書いてあろうが、相手国からすれば「てめえの都合」です。「マニフェストに書いてあるので、普天間基地移設の約束はやめて、県外移設にしていただきます」なんていう外交があるわけないでしょう。

福山 残念ながら、気にしてくれないですね。

宮台 こうした「当たり前中の当たり前」を、司法記者クラブ（法務省記者クラブ）や霞《かすみ》クラブ（外務省記者クラブ）に出入りしているマスコミの記者たちは、全員知っておくべきですが、たぶん知らないのでしょうね。国民はこうした記者たちを徹底的に馬鹿にしたほうがよい。

外務省が佐藤優氏を処分できなかった理由

宮台 憲法と条約には広義の「事情変更の原則」が通用しないことに関連した興味深い話があります。『創』（〇九年九、一〇月号）で佐藤優《さとうまさる》氏と対談した際に伺った話です。最高裁が佐藤優氏の上告を棄却した日、懲役刑確定（執行猶予付）により、国家公務員法七六条の規定で自動失職しました。

なぜ外務省は彼を処分しなかったか。嫌疑となった背任は国際事業における二件の費用支出ですが、決裁書に条約局長の署名がある。これについて、交流事業が支援委員会設置協定違反で違法だとする検察と、交流事業に問題はないという外務省が、最高裁で激突したんです。

従来、条約や協定の有権解釈責任者は外務省条約局長だったのに、検察による違法性認定は、有権解釈権が内閣法制局長官にあるという主張と等価だからです。これは外務省の既得権益を侵害する以上に、国際政治上の非常識にあたるので、外務省が認めるわけにはいかない。

ゆえに外務省としては佐藤優氏から提案された交流事業自体は違法ではないとして、彼を処分しなかったのです。この話をする理由は、国内法の有権解釈権と、条約や協定の有権解釈権が、別枠であることを知っていただきたいからで、「事情変更」のコロラリー（副産物）です。

法学の授業素材になるような興味深い話ですが、問題の本質を理解できる記者がいないのでしょう。最高裁での遣《や》り取りの最も面白い部分がマスコミによって紹介されたことは一度もありませんでした。もっとも、インターネットでもほとんど話題にされていませんがね。

ことほどさように、相手方のある条約や協定は、広義の「事情変更の原則」によって容易に解釈変更されがちな——内閣法制局長官に有権解釈権が帰属するような——国内法とは、別枠なのです。「外交の決め事には相手がある」ということの本質がここにも表れています。

仮に、国内法と同じような扱いの対象にして、広義の「事情変更の原則」を条約や協定に適用しようものなら、その途端に「日本は信用できない国」だっていうことになってしまうんですよ。

福山　そういうことなんです。

宮台　それで外交上の不利益を被ることは百パーセント確実です。そういう意味で言えば、マスコミは「外交の継続性」という決まり文句《クリシエ》を反復していますが、その本質的な意味を全く理解していないのだろうと思われます。まあ、いつものことですがね。

福山 アメリカの立場で言えば、それは政権が代わろうが、マニフェストに何が書いてあろうが関係ないという立場は理解をしなければいけないです。それを理解していることを前提に交渉のテーブルに乗ってくれと言わない限りは、そもそも、相手は交渉に応じてくれない。

宮台 おっしゃるとおりです。

密約問題の真相

福山 それが第一点で、第二点は、そうはいっても、ということなんですね。実は現象的に見ると沖縄の四つの選挙区で全員民主党ないし辺野古《へのこ》への基地移設反対派の人が当選して、辺野古への移設を推進してきた自民党の議員は誰一人当選をせずに落選したんですね。これは民主主義国家のリーダーとしてのアメリカから見れば、非常に重要な問題です。

宮台 そのとおりですね。

福山 選挙の民意で辺野古への移設反対の人間が四人とも当選したことに対して、それを今、宮台さんが言われた「事情変更の原則」と、この民主的な選挙の結果として出た民意に対する尊重のどこに決着点を見出《みいだ》すのかということが、今回の宿題なわけです。

宮台 そう。ただ優先順位はあらかじめ明瞭《めいりょう》です。条約や協定には広義の「事情変更の原則」

は適用されない。これが第一です。とはいえ政治過程的に見れば、政権が選挙で示された民意に背いて正統性を失えば、政権として当事者能力を失いかねず、米国にも不利益です。

したがって、〝外交には「事情変更の原則」は適用されない〟のと同様に、法実務的に言えば、〝「情状酌量」してくれと米国に頼み込むしかない〟ことになります。「民意によって生まれた政権である以上、民意を無視した外交をするとトンデモナイことになる、お願いしますよ」と。

だから「日本は無体な要求を米国にするつもりはない。日本の無体な要求に米国が折れたという話にするつもりもない。普天間移設は外交的約束事だから、米国側が約束事にコミットメントして当然だ。そこを曲げてお願い申し上げたい。借りは別のかたちで返す」とやる。

政権交代をめぐる国内的断絶と外交的継続の矛盾はよくある話です。米国だってそんなことは百も承知です。だから米国は日本の出方を見ています。大人か否かを観察している。よって、まずは信頼醸成措置（Confidence-building Measures）から始まるのは、完全に合理的です。

福山　そうですね。

宮台　それを国内向けでどう言うかが難しくなるのですが、それが必要以上に難しい問題になるのは、国内のマスコミが低水準すぎるからなのですね。その意味で日本のマスコミは明白に国益を侵害しています。僕に言わせれば、日本のマスコミは国賊メディアです。

それはそれとして、そうした低水準のマスコミを抱えたこの日本の、ウェーバー的に言えば「政治共同体の運命を切り開く責務」を負う首相として、馬鹿マスコミ相手にどんな言い方をするかが問われている、というのが、今回の「ぶれた、ぶれない問題」の本質です。

福山　密約の問題も同様です。歴代大臣が「密約はない、ない」と言ってる限り、官僚が「実はありました」とは口が裂けても言えないわけですよ。

宮台　それは当たり前すぎます。

福山　ところが、「密約はありません」と大臣が国会で答弁するたびに、国民はそのことを、なに嘘っぱち言ってるんだとずっと思い続けてきたわけです。外交への信頼性の欠如というか負の産物というのが、積もり積もっているわけですよ。ましてや一方ではアメリカの外交文書が公開されて密約があるという状況の中で、「ない、ない」と言ってることの滑稽《こっけい》さを国民は感じてきたわけです。

だから密約問題で岡田外務大臣がいち早く指示を出して調査をしろと言ったことの意味合いは、過去において「ない」と言った官僚やその時の政治家の責任追及をしたりするためではありません。外交への信頼を国民に持ってもらうために、今アメリカで公開されている外交文書と日本がコメントしてきたことのズレを、ちゃんと元に戻しましょうという、それだけの話なんですね。

宮台　政治的な「国内向けメッセージ」としてはそういうことになります。「国外向けメッセージ」としては何の意味もないのですがね。

福山　ただ、一方で歴史的な経緯があります。その時にはどうしても政治の判断としてその選択をせざるを得ない経緯があったかもしれない。そのことを検証して国民に伝えることによって、フラットな状態に日本の外交を戻して、その後、じゃあ、非核三原則や核抑止についてさらに議論を深めるスタートにしたいと。ましてや外交文書をいったいどの程度の期間でどの程度の内容まで公開するのかについてのルールもできてないわけですから。

そんなことも含めて、密約問題を最初のモデルケースとしてやっていきたいというのが、岡田さんのねらいなんですよね。

宮台　ロールプレイとして伺いますが、政治家が「ない」と言っているモノを役人が「ある」と言えないのは当然として、歴代外務大臣が、外務官僚も弁える何らかの重大な政治的理由によって、米国が「ある」と言う密約を「ない」と言い続けてきたのだと思われますか。

福山　うーん、そこはまだ見えないですね。

宮台　見えない？　なるほど。問題化している三つの密約で一番大きな問題だとされる「核持ち込み密約」ですが、マスコミの扱いとは違って、この密約は全く重要じゃない。全く重要でない密約をめぐる国内でのスッタモンダの「恥さらし」のほうが、ずっと重要な問題です。

なぜか。米国はどの国についてもNCND（Neither Confirm Nor Deny）を採るからです。肯定も否定もしない。ノーコメントが原則。非核三原則が日本にあろうがなかろうが、米国艦船が寄港する場合どのみち核の有無は言えない。「核がない」とは一切言えないのです。

逆に言えば「核があるかもしれない」と思わせることが米国が譲れない戦略なのです。この戦略は完全に合理的です。ライシャワー駐日大使（当時）はそういう米国の立場を日本は十分理解していると思った。ところが気がついてみたら日本は全然分かってなくて驚愕《きょうがく》した。「だからさぁ、NCNDってのは『場合によっては持ち込むかも』っていう意味に決まってるじゃないか」とリコンファームした。それが密約というか、本来ならどうでもいい覚書になっただけの話。そんなものがあろうがなかろうが、米国はやるべきことをやるだけですよ。

福山　自民党政権は暗黙の了解で分かっているはずだとアメリカは思っていたら、実は分かっていなかったというので、しょうがないから確認せざるを得なくなったと。

宮台　そう。日本側がお粗末なのです。そもそも密約などで確認すべきことじゃない。米国の「核の傘」の下にあり、その米国がNCNDを採用する以上、そもそも「非核三原則――持たず・作らず・持ち込ませず」の「持ち込ませず」には、最初から意味がなかったんですよ。

このあたりの常識的な話が、マスコミでは全く報じられないでしょう。これは爆笑というより悲しい話です。最も重大視される「核持ち込み密約」は、そもそも何かトンデモナイことを約束したというより、「日本よ、勘違いは勘弁してくれ」と米国が釘《くぎ》を刺しただけの話です。

僕の見立てだと、外務官僚や、外務官僚の二人羽織にすぎなかった外務大臣が、核密約の存在を否定し続けてきた理由は何か。単純です。みっともないから。とりわけ「非核三原則」なるものが成り立つかのように思い込んだ「恥さらし」を隠蔽するためじゃないか。

核の神話

宮台　この問題はもう少し根が深い。米国のNCNDに文句が言えるか。米国の「核の傘」に安全を保障してもらう以上——こういう神話もうんざりですが後回しにします——文句を言う筋合いじゃない。米国がNCNDをやめれば「核の傘」が脆弱《ぜいじゃく》になるからです。脆弱になる理由は、仮想敵国に情報が渡るから。ならば、NCNDを受け容《い》れるしかない。受け容れるということは本質的に「核持ち込みOK」と同義。でも「核の傘」にぶら下がる日本とはいえ（日本だから？）平和主義があり、非核三原則がある。ならば密約は必然です。

その意味で核密約は、〝「核の傘」にぶら下がるから「平和主義」を暢気に言える〟という矛盾の象徴です。小熊英二《おぐまえいじ》氏が『〈民主〉と〈愛国〉』で書くように、「護憲平和」なる立ち位置は、保守合同に対抗して、誰もが乗れる左翼統一の枠組をつくるという便宜に由来します。もともと共産党が「護憲平和」に大反対していた経緯からも分かるように、「護憲平和」は左翼統一のために「仕方なく」構成された手段的スローガンにすぎず、多くは本気では信じられていませんでした。それがいつの間にか「護憲平和」がベタに信仰されるようになります。

米国の「核の傘」にぶら下がる平和主義なんて、平和主義であるはずがない。日本を守るために核先制攻撃してくれと頼むことの、どこが平和主義か。最初は左翼の多くも意識していたのですが、「ネタがベタになる」。つまり忘れてしまった。その結果としての密約です。

福山 そうなのかもしれませんね。

宮台 核密約をめぐる国会やマスコミを覆うスッタモンダは、外交的に――特に米国から見て――みっともないという意味で、これはこれで大問題ですが、「核密約があったこと自体が問題だ」というような、「ネタベタ忘却症」を患う国民の俗情に媚びるマスコミは、許せません。

福山 アメリカから見れば、日本が今言っている密約問題というのは、あくまでも国内問題ですから。

宮台 こいつら、なに言ってるんだ、いったい、というね（笑）。

福山 民主党は外交がバラバラだとか、安全保障政策がないと批判をされ続けていました。政権交代して、はじめに国民に、あ、変わったなと感じていただける場面が外交だというのは、ある意味、皮肉な現象です。

宮台 確かに、そうですね。

福山　フォアキャスティング方式（将来の予測に基づいて政策などを立案・実行すること）からバックキャスティング方式（将来どうあるべきかを考え、そのために現在必要な行動を具体化していくこと）への転換なんです。鳩山総理のキャラクターによるところも大きいのですが、気候変動問題についても思い切って言ってしまう。核の廃絶についても国連安保理で「唯一の被爆国として我が国が果たすべき道義的な責任」と言い切る。各省庁の横並びの中で縦割りで調整をして、そのうえ、官僚がアメリカにも中国にも顔色を窺《うかが》いながら外交上のメッセージを出そうとしたら、無味乾燥の面白くないものになるのは当たり前の話です。今回はこれまでとはずいぶん変わっている。各国の首脳に政権が代わったということを印象づけた外交デビューだったのではないでしょうか。

アメリカは日本を守ってくれない？

宮台　ここからしばらく、福山さんはコメントされなくて結構です。危ない話ですのでね（笑）。僕にとっては、オバマ大統領のチェコ・プラハでの「核廃絶構想演説」のあと、それに続いて鳩山さんが国連安保理の一般討論演説で「核廃絶の先頭に立つ」とおっしゃったのは、印象的でした。

結論から言うと、鳩山首相の「核廃絶賛同」と「東アジア共同体構想」を、僕は「重武装中立化」に向けた布石として好意的に受け止めます。というと、皆さんはたいてい怪訝《けげん》な顔をされるので困るのですが、当たり前のことなので、ざっくりお話しさせていただきます。

オバマ大統領の「核廃絶構想演説」の後、外務省アメリカスクールの人々が「核の傘」を弱めないでくれとロビイしまくり、米国政府部内のタカ派に利用されているという話が伝わっています（天木《あまき》直人《なおと》のブログ http://www.amakiblog.com/archives/2009/10/18/#001508）。

大手マスコミには「唯一の被爆国が核廃絶に反対していいのか」と批判する記事が載りました。これは愚かです。別のところでも申し上げた農政のスタンスや、年次改革要望書スキームを含めて、国内政治のあらゆる枠組が米国の「核の傘」を前提としている現実があるからです。

国内政治のあらゆる枠組には「護憲平和」も含まれています。外務省が「唯一の被爆国なのにそれも弁えず『核の傘』の継続をロビイした」のではなく、「日本の国内的なイデオロギーや政策を支える自明性の配置を護持すべく、必要な行動をした」のであると思っています。

日本が「護憲平和」なるポジションをとれたのは「核の傘」に覆われてきたからです。「僕らは武力を使わないので、いざとなったら核を使って助けてね」は、もちろん「インチキ平和主義」です。日本の平和主義なるものは、構造的に「インチキ平和主義」にすぎません。

逆に、核廃絶で「核の傘」がなくなったり、核廃絶への道程で「核の傘」が弱まれば、反撃能力による抑止力獲得としての「重武装化」が必須となります。そうした世論形成の準備もできていないのに、「核の傘」が弱まっては困る。これがアメリカスクールの立場ですね。

本当は、こうした立場も間違っていると思います。それに触れる前に、「核の傘」にはもはや意味がないという僕の持論を紹介します。第一に、中国が日本に核ミサイルを撃ち込んだとしても、アメリカは絶対に中国に反撃はしません。それは資源大国ロシアが相手でも同じです。なぜか。アメリカの自国益を考えた場合、それほどまでして日本にコミットして核戦争に関わるどんな利益もないからです。米産業界にとっての市場としても、米国債の買い支え役としても、実は国際政治的枠組の維持更新についても、例えば中国はそれほど重要な相手です。

唯一あり得るのは北朝鮮。北朝鮮は「ヤブレカブレになったら核を使うぞ、そうならないように助けろ」と贈与を引き出す戦略。贈与を引き出せるうちは体制を存続できるので核は使わない。核を使うとすれば、贈与を引き出せず体制存続が不可能になったヤブレカブレの段。

体制存続が目的の北朝鮮は、体制存続の目があるうちは核を使用しない。核を使用すれば、核反撃によるか否かは別として体制は終わる。終わらせるのは簡単です。「2ちゃん系ウヨ豚」が「北が核兵器や生物兵器を使っても核反撃しないのか」と噴出していますが、無意味です。

ことほどさように今日では「核の傘」は幻想です。これからの僕の話はそれを踏まえたものです。いわば最終戦争としての核うんぬんは別として、「核の傘」が弱まれば、反撃能力による抑止力獲得としての重武装化が必須だという話に、必ずなります。それは良いことです。

まず「いざとなったら守ってもらうから」との対米追従利権勢力の口実を排除できる。この口実ゆえに、日米構造協議を通じた「内政干渉」を受け、九六年の2プラス2合意以降の安保変質――日本が脅かされる有事に限らず米国のテロとの戦いに軍事協力せよ――を被りました。「米国が勝手にやる戦争に巻き込まれたくない」なら重武装中立化しかない。大量破壊兵器の「嘘」を口実にした米国のイラク攻撃への協力に、反省を表明していない先進国は日本だけ。反省しないのが「いざとなったら守ってもらうから」だとすれば、国際的恥さらしです。

「沖縄米軍基地を大幅に縮小したい」なら重武装中立化しかない。沖縄米軍基地は日本を守るためではなく、米国が考える国際軍事戦略のためにこそある。特に2プラス2合意以降はそうです。加えて世界各国の民主化で米軍基地が激減、沖縄基地の戦略的重要性が増しました。

本来ならそれだけでも米軍基地貸与のむしろ「見返り」を期待してもよいというのに、「いざとなったら守ってもらうのだから」と、日本の主権性すら怪しい地位協定を継続したり、思いやり予算の増額につぐ増額を重ねたりするのは愚かです。こうした愚策はやめるべきです。

重武装化が不可避となれば、アジア周辺国の感情的回復と信頼醸成が必須となります。それこそ「東アジア共同体構想」の如きものを主導することが不可欠になります。加えて、重武装を操縦する文民としての政治家や官僚の、思考停止を廃した戦略的能力も必須となります。

「核の傘」が弱まることが必然的に要求する重武装化を契機に、アジア周辺国の感情的回復と信頼醸成が実現されることも、東アジアにおける日本のポジションが強化されることも、重武装を操縦する文民の戦略的思考能力の上昇も、日本にとっては、長期的に良きことです。

非核化ってそういうことだったのか

宮台　僕の推測です。日本では何かというと「いざとなったら守ってもらうのだから」と対米追従利権勢力が跋扈《ばっこ》し、米国の言いなりで利益を失ってきた。その歴史を踏まえたうえで、鳩山さんは、「軽武装―対米依存」から「重武装―対米中立化」へと踏み出したのではないか。でも「重武装―対米中立化」をそのまま謳うのでは心理的・社会的抵抗が大きい。そこで、日本人の多くが否定できない理念である「核廃絶」を皮切りにしたのではないか。「核廃絶」への道程が進んだ段階で「非核化ってそういうことだったのか」と気づかせる段取りになります。

気づいたときにはもはや引き返せない。「核廃絶」の歴史的偉業への国際的取り組みから、途中で離脱はできない。「自明性の継続にヤケにこだわるものの、イデオロギッシュな固執がなく、流れに抗《あらが》えないと思えば瞬時に適応する」日本人の特性を利用した戦略じゃないか、と。

僕は自分が出演するラジオ番組で、「重武装―対米中立化」に向けた「非核化ってそういうことだったのか戦略」と名付けております。自由党より遥かに国粋主義的色彩の強かった日本民主党の総裁鳩山一郎のお孫さんである鳩山由紀夫さんのことであるわけですからね。
しかし「非核化ってそういうことだったのか戦略」は構造的に「言わぬが花」ですから、民主党のどの立場の方もコメントできる問題じゃない。スルーしていただいて結構（笑）。軍事外交の専門家から見れば、「非核化ってそういうことなんですけど」という話です。

福山　さすがに外務副大臣としてはコメントしにくいですね（笑）。鳩山総理は「友愛」を本気で考えておられて、具体的にどう表現すればいいかを常に考えておられます。もともと、核の廃絶に関心もあり、オバマ大統領とも価値観を共有する。また、核の廃絶というのは一般的な理念としても受け容れやすい理念ですし、鳩山総理が、直感的に反応されたように思います。ただ、その無意識の意識の中に宮台さんが言われたようなものが内在している可能性も否定はできないと思いますが、それは将来の歴史が証明するのでしょう。

宮台　「無意識の意識があった可能性は否定できない」「それは将来の歴史が証明する」。素晴らしいお答えです。いずれにせよ、「核の傘」にぶら下がりながら「いざとなったら核先制使用も辞さずにいてくれ」と頼み込み、それで「平和主義」を標榜《ひょうぼう》するのは、国辱です。

外交上のタブー

福山　今回政権が代わって非常に大きな外交的な変化は、外交上のタブーが徐々になくなっているんですよ。

宮台　そうですね。

福山　これは非常に大きい。

宮台　今の話はまさに最大のタブーでしたよね（笑）。

福山　政治家がいろんなことを外交上での仮説も含めて発言しても、マスコミが一斉に「首を取る」とか「罷免だ」みたいな話になってしまっていたのに、国民の中にもタブーがなくなってきたことは、大きな変化だと思います。

宮台　結局は自明視された大枠——「核の傘」を前提にしたレジーム——から逃れられないクセに、些細なことで鬼の首でも取ったかの如くギャアギャアと騒ぎ立てるのが日本のマスコミ。唯一の被爆国が「核の傘」の継続のロビイをしたのがスキャンダル？　馬鹿も休み休み言え。

福山　日中首脳会談で中国に対しては「村山談話を継承する」と言い、胡錦濤《こきんとう》国家主席との間ではスタートラインとして日中の融和関係を演出しながら、外務大臣会合ではきっちりと東シナ海資源開発の問題や冷凍ギョーザの話について言うべきことを言うと。気候変動問題もそうですし、対中外交もそうですが、国際社会では、日本は外交ゲームにようやく参戦をしてきたなという空気が拡がってるような気がしますね。

宮台　全くおっしゃるとおり。中国を含めた諸外国の首脳にとって、首相を含めた日本の政治家など「顔を合わせるだけでいい。どうせ本気で話をする価値はない。どのみち日本の政治家は官僚にオンブにダッコで、責任を持った主体じゃない」と見切られてきました。

官僚はといえば「政治家がいない」のに大枠の外交方針をつくれないので、安全パイを取り続ける。そこに2プラス2合意の如く、憲法改正に匹敵する大変更にもかかわらず安全パイじゃないかと勘違いした馬鹿官僚が、国際的地位が落ちた米国への追従という大リスクを冒す。

福山 そうですね。突然小泉さんみたいな人が出てきて、いきなり靖国参拝だって声高に言えば、中国は逆にカードがいっぱいできるわけですよね。

宮台 当たり前です。たとえ裏で中国政府が煽ったにせよ、中国国民の激烈な反日感情を沈静化することが、中国政府が日本に売れる大恩になったりですね。あるいは、全ての外交的扉を閉めて、「開けてほしけりゃ、あれしな、これしな」と言えるようになったりですね。

福山 じゃあ、中国はもう何もしませんよとカードをいっぱい握って、国内世論を煽りながら、自分らのカードいっぱい切ってくると。それは外交でも何でもないですよね。

宮台 「2ちゃん系ウヨ豚」みたいな、せせこましさにおいても国益損壊においても右翼の風上にも置けないような、感情的な弱者であるラウド・マイノリティ（声がデカいだけの少数者）の声に、右顧左眄《うこさべん》するような自民党政治家たちが、長く日本の国益を毀損《きそん》してきました。

民主と愛国、異ならない悲劇

宮台　「軽武装―対米依存」から「重武装―対米中立化」へのシフトに際してクリアするべきハードルは三つあります。第一に、米国をどう納得させるか。第二に、アジア周辺国をどう納得させるか。第三に、文民たる政治家や役人の能力をどう育てるのか。この三つですね。

各所で書いたから二番目の対アジア外交だけ申します。対アジア外交は「損して得取れ」。「謝罪しようが重武装化させてくれればＯＫ」で行くべきです。重武装化のための謝罪に限らず、それ自体の良し悪しよりも、外交目標との兼ね合いでどう機能するかが、大切です。

ちなみに、こうした態度は何についても言えます。「護憲平和」について敢えて否定的に申しましたが、「核の傘」にぶら下がる「護憲平和」も、それ自体の良し悪しより、どう機能するかが大切です。機能次第では「護憲平和」を擁護することにやぶさかではありません。

そもそも歴史的には左翼大団結という大目標のために手段的に選択されたのが「護憲平和」。「護憲平和」自体への信仰があったわけじゃない。僕から一番距離が遠いのは、「護憲平和」の肯定者ではなく、機能分析を欠いたまま「護憲平和」を内容的に信仰する人です。

「損して得取れ」も、内容的信仰による目的的肯定ならざる、機能的分析による手段的肯定です。外交に限らず全ての政策はシステム理論でいう「目的プログラム」から「条件プログラム」へとシフトする必要がある。日本の政治論議は「目的プログラム」に寄りすぎです。

日本とは社会的文脈が違うとはいえ、ドイツは「損して得取れ」の選択をしました。戦後、東西分裂で国家間賠償が不可能になった旧西独は、そのままでは外交的地位を回復できないので、自治体や国や企業が個人から要求があれば補償する「個人補償図式」を採用しました。

重要なのは謝罪を一切しなかったこと。ヴァイツゼッカー大統領の「罪と責任」図式によります。当時生まれてなかった子もいる。軍人も民間人もいる。軍人でも戦略を構想した者もいれば単なる兵隊もいる。罪の程度はそれぞれ。政府が国民全体を代表して謝罪はできない。

しかし、西独が周辺各国からどれだけ信頼されるかは、西独の未来に影響を及ぼす。西独の未来は西独国民の共有財だ。皆が均《ひと》しく恩恵に浴する。ならば西独の信頼回復のためのコミットメントは西独国民の「責任」だ——この論理で「個人補償図式」を正当化したわけです。

ナチスに関わる戦争犯罪に対する時効廃止や、ナチスに関わる表現の自由の制限など、通常の近代国家ならば「法の下の平等」や「表現の自由」などの原則に反する恒久的政策も同じ図式で正当化した。「罪と責任」図式は高尚な論理に見えて、「損して得取れ」的手段です。

僕は「謝罪するな、個人補償しろ」という話をしてるんじゃない。ドイツが地位回復——最終的にはNATO軍への参加とEU統合での中心的位置——を達成すべく、普通あり得ない妥協をしまくり、その妥協を正当化する図式を苦心してつくり上げたことを話しています。

日本であれば逆に「個人補償するな、謝罪しまくれ」という話であってもいい。現に日本では、訴訟に負けた企業による元労働者への補償や、民間寄付金による元慰安婦への「償い金」支給を除けば、国家間賠償の決着を理由に、個人補償がなされなかった歴史があります。

重武装化という大目的が確固として設定されたなら、内容的には多少首をかしげるところがあっても、機能的に大目的への貢献が確実であれば、あれやこれやを手段的に遂行すればいい。ドイツはそうした結果、コソボ紛争以降は多国籍軍での積極的攻撃にも関わるようになった。

ドイツ軍は今は当たり前にアフガンに駐留。死者も出しました。そのドイツも東西統合以前は「反ナチス」の平和主義路線でした。で、コソボ紛争の際、何があっても軍事的に戦わないことと、周辺国のナチス的政権と軍事的に戦うことと、どっちが平和主義かが論争になった。

福山　そういうことですよね。

宮台　西尾《にしお》幹二《かんじ》氏は、個人補償問題を論じて、日本とドイツは事情が違うと言う。そりゃ個人補償が無理だという点では「事情が違う」。でも頭が働くのなら抽象的に思考しろ。抽象度を上げていけば必ず機能的な同一焦点が見つかる。その同一焦点が「損して得取れ」問題です。

西尾幹二氏は、日本の政治家たちを見て恥ずかしいと思わないのか。「損して得取る」戦略的思考もできず、その場その場で国民の感情的な噴き上がりをもたらし、その感情的な噴き上がりを……。

福山　利用するんですね。

宮台 かくして「浅ましい」政治家たちが当選し、「浅ましい」党派が議席を獲得し、結局、国益が毀損されるわけです。

迫りくる脅威

福山 今回、不思議なのは、鳩山総理以下、靖国参拝はしない、村山談話を踏襲すると明言しても、そんなに騒ぎになっている印象がありません。

宮台 不思議ですね。どうしてでしょう。

福山 国連の演説も含めて、外交における日本のプレゼンスが上がったことを直感的に分かって、自民党政権よりも日本全体の国益に対しては寄与するかもということをなんとなく感じてもらっている話なのか、今の民主党のスタンスを批判するに足るだけの理論武装がまだできてなくて間に合ってないのか、それは分からないですけど。

宮台 両方あります。何より重要なのは、従来の行為や体験を支えていた自明性が崩れたこと。一方に「身も蓋《ふた》もないじゃん」と梯子《はしご》を外されて唖然とする向きもあるでしょうが、他方に「何だ、そう考えてもいいんじゃん」と目から鱗《うろこ》で解放感を味わう向きもあるでしょう。

そのうえで、両方に共通して、福山さんのおっしゃるように、鳩山首相が「二五パーセント削減演説」などで国際的にリスペクトされたり、岡田外相が硬直した「冷凍ギョーザ問題」を先に進めたりと、感情的噴き上がりと国益護持とは違うんだという実感が拡がったのだと思います。

加えて、政権交代があってからテレビの定時ニュースでも外交ニュースが目白押し。外交への注目度がこれほど上がったのはここ数十年で初めてです。「中国って良かれ悪しかれすごい国だ、ガチンコで勝負は無理だな」などと思われた向きも多かったはずです。

今年中には中国のGDPが日本を抜いて世界第二位になるし、米国債購入残高は中国が日本を凌いで久しい。ある意味「勝負はついている」部分がある以上、日本の国益増進に必要な営みは、従来的自明性の地平の上で感情的に噴き上がることじゃないと気づくわけです。

それはそれとして、伺っておきたいのは、鳩山首相が韓国大統領を相手に価値観を共有しているとか東アジア共同体はどうかと言っている最中に、岡田外相が米国は入らないだろうと言ってみたりする。これはけっこう微妙な発言だと思いますが、福山さんはいかがですか。

福山　日米関係は、日本外交の基軸なんです。「東アジア共同体」は中長期的な課題であり、最初から枠組や、どこの国を含む含まないを議論するのは、あまり建設的ではありません。二国間（バイ）や多国間（マルチ）で、個別の課題ごとに、例えば、環境や保健衛生等々で実績を積み重ね、その結果として共同体のイメージをつくり上げていくことが肝要です。岡田大臣も最近はそのコメントを出していません。

宮台　微妙だというのはそのことで、東アジア共同体構想の現実性が一挙に遠のきます。

福山　特にこれから、さっき宮台さんが言われた沖縄の問題やアフガニスタンの問題を議論しなきゃいけないときに、アメリカを含むかどうかは、あまり意味がありません。

これからの民主党外交

宮台　これからの民主党外交にとって重要なことの一つは「事実性を意識的に利用すること」です。冷戦体制が終焉《しゅうえん》したのが九一年ですが、九三年以降の政治学ないし政治哲学は、「理念も大切だが、それ以上に事実性が大切だ」という思考に大きく傾斜していきます。

目印《メルクマール》の一つは、米国の政治哲学者ジョン・ロールズが「普遍的リベラリズム」から「政治的リベラリズム」にシフトしたことですが、それは広く知られているので、同時期に欧州、とりわけドイツで起こった出来事をお話しします。主人公は例のユルゲン・ハーバマスです。

例のというのは、九八年にコソボ紛争が激化した際、何があっても軍を出さないのが反ナチスか、周辺にナチス的政権があれば軍を出すのが反ナチスか、と論争を惹起《じゃっき》し、軍を出すのが反ナチスだと断言してドイツ左翼界に波紋を拡げたのが、リベラル左翼ハーバマスだから。

東西ドイツ統合以前のハーバマスは「憲法パトリオティズム」を唱えていました。ドイツ国民とは誰かという話です。血のつながり、まして民族は関係ない。言葉も関係ない。ボン基本法（憲法）の立憲意思に合意した者がドイツ国民なのだ、とハーバマスは言うわけです。

ドイツはもともとカトリック系が強く、カトリックに「堅信の儀」があることが議論を受け容れやすくしています。確かに誕生時に自分で国籍を選べない。だが成人化する過程で憲法を参照しつつ国籍所属をリコンファームする。それでドイツ人になるというのが彼の議論です。

ところが東西ドイツ統合でこの議論が破綻《はたん》します。なぜか。理由は「東独が崩壊した後、なぜ西独と一緒にならねばならぬのか」という問題です。旧東独国民がボン基本法（憲法）に合意したのか。あり得ない。大抵は知らないよ、そんなもの。見たことも読んだこともない。

東独国民が思うのは「もともとは同じ国だったんだから同じ国になって当たり前」、あるいは「もともとは同じ民族なんだから一つになるのは当たり前」ということ。別にそこで民族というイデオロギーが問題なんじゃない。「何が自然か」という人々の事実的感覚の問題です。

ベネディクト・アンダーソンのいうように、なるほど近代国家は「想像の共同体」だ。そこでは印刷文化が大きな力を持った。でもどうでもいい。人々が「我々」意識を持つとき、それが原理的に恣意的なのは当たり前。問題は「恣意的だけれど任意ではない」ということです。

その都度の歴史的事情や社会的文脈によって、何がどう任意ではないかがおよそ決まります。恣意的だからといって、それを踏み越えて境界設定しても、どのみち「我々」にはなりません。現に旧東独国民は、強制されたわけでもないのに、誰一人ポーランド国民になりませんでした。

そう。決定的な事例を見せつけられたんです。国民という境界設定は、理念――立憲意思――に合意するかどうかには関係ない。まして血筋や民族にも厳密には関係ない。何に関係するか。決まり切っている。事実性に――自明性や慣れ親しみに――関係するということです。

同型の問題はいたるところに転がっています。なぜEU統合なのか。それは民族大移動の歴史を背景とした、ハプスブルク家など王家の縁戚《えんせき》関係ですよ。だから縁戚関係の周辺に連なるロシアの一部にも「欧州に数えてくれ」と願う向きが、絶えず存在するわけです。「そんなものは恣意的だ」と言えば、そのとおり。しかし、社会システム理論が喝破するように、恣意的でない境界設定など原理的に一つもない。ただあるのは、全てが恣意的であっても、任意性には高低があること。境界設定はどのみちそれを参照して正当化する以外にないのです。

福山 なるほど。

宮台 ここから応用編。東アジア共同体構想を言うなら、米国を排除しないどころか、米国は重要なメンバーだと言い続けるべきです。第一に米国を懐柔できる。第二に、これが本題ですが、米国がメンバーになろうが、東アジア諸国と米国との間には事実的な境界があるから。

別に人種主義の立場をとれとか、イデオロギッシュに振る舞えとかいう話ではありません。僕らが韓国朝鮮や中国の人たちのことを多かれ少なかれ「同じ漢字文化圏」だと意識するのは当然です。その事実性がある以上、むしろ米国は対等なメンバーだと言い続けるべきです。

別に「俺たち同じアジアの人間じゃないか」などと言う必要もない。あえて言挙《ことあ》げせずとも、それぞれの国の国民世論は米国の世論も含めて、必ずそうした「事実的な境界設定」を織り込むからです。だから岡田外相は「米国は含まれない」などと語る必要はないのですよ。

ハーバマス自身「憲法パトリオティズム」を引っ込めたのですが、同時に九〇年代半ばからドイツではロマン主義の話題が隆盛になります。ロマン主義は前期後期に分かれますが、後期ロマン主義とはドイツ民族とかドイツ精神とかってことを言う人たちの流れです。

福山　そうなんですか。

宮台　僕の見るところ別に右翼に——ましてナチスに——回帰したってわけじゃない。やっぱりドイツはドイツだったってことは、このドイツのドイツ性がどうやって成立したのか再確認してみたいな。そんな感じだと思います。危険を回避するためにこそ、経緯が大切だからです。

言わなくても当てにできる自明性がある場合、自明性には必ず暗黙の境界線があって、それは指摘するものじゃなく、利用するものなのです。そこに線があるぞと指摘すれば必ず、「根拠は何だ。どんな正当性があるんだ」という話になって、問題は一挙にこじれます。

第五章 アジアの中の日本

東アジア共同体

福山　私は、東アジア共同体というのは問題提起をしたことがまずは重要だと思います。EUだって昔の石炭鉄鋼の共同体から始まってイシューごとの重要なものをそれぞれが選択してつながっていったわけですよ。先ほども言いましたが、まず二国間、多国間で共同でできるものから重層的に積み重ねていくことによって、実はなんとなく共同体の意味合いみたいなものを各国が自覚し出す中で見えてくる話だと思うんですね。環境、エイズ、インフルエンザ、FTA……課題ごとにです。

宮台　「積み重ねによってなんとなく醸し出す」と。それも事実性を利用した戦略です。そもそも米国流の「最低限ルール主義」――最低限のルールを踏まえぬ輩とは交渉できぬ――に対する、欧州流の「信頼醸成主義」――まず一緒に飯を食おう――とは、そうした戦略です。

福山　アジアは価値観も政治体制も、ましてや経済的な発展の度合いもかなり異なります。括りつける共通の部分なんていうのは到底まだ見えません。これからです。

宮台　共通のルールに合意するとか、共通の部分を見つけ出すというのは、全部最後にやったほうがいいのです。最初に「前提の構築」と称してそれをやろうとすれば、かえってどんな前提も構築できなくなります。これは外交のみならず、人間関係一般に言えることですが。

福山 だから二国間と多国間、両方合わせていろんなものを組み合わせていくことが重要で、EUのような共通通貨やある種の一体性を、ハプスブルク家の話をされましたけど、アジアに求めてもすぐにはできません。

宮台 無理です。この問題は日本の亜細亜《アジア》主義を評価する際も重要です。亜細亜主義はもともと対抗原理で「亜細亜は一つ」だから生まれたんじゃない。岡倉天心は、放っておけば列強によって屠《ほふ》られる側を、「力の原理」に「美の原理」で抗う弱者連合として亜細亜と呼びます。

対抗原理にすぎないので、亜細亜の中には印度や中東をも含めた西域まで入ります。以降、論者によって亜細亜の範囲は膨縮します。よって天心ばりに亜細亜は一つと言うならば、亜細亜がいかなる意味で一つなのか、根拠を明示すべきだとする議論も生じるようになります。

高田保馬《たかたやすま》という戦前の社会学者も、亜細亜なるものの境界設定の恣意性を指摘しました。彼は、階級概念と同様に民族概念を洗煉《せんれん》したうえで、何らかの民族的共通性に基づいて「亜細亜は一つ」と称せよと言いました。同様な方向を志向した亜細亜主義者に、折口信夫《おりくちしのぶ》がいます。

しかし、高田にせよ折口にせよ、こうした方向は危険性を孕《はら》みます。完全に任意的な境界設定に基づいて亜細亜と称するのも、誰もそんなものを信用しなくなるという意味で危険ならば、然々の民族的共通性があるがゆえに亜細亜だと称するのも危険です。なぜなら……。

福山 共通性がある、イコール逆にそこには排他性を帯びるわけですよね。

宮台　まさにそうです。亜細亜主義の境界設定問題から浮かび上がってくるのは、境界設定は何でも構わないというのもダメだし、境界設定は原理から考察するとこれしかないというのもダメ。では、どんな境界線の引き方ならば、過剰に閉鎖的でなく、もっともらしくなるのか。

　この問題は長らく解決できなかったのですが、先ほど申し上げたように、冷戦体制崩壊後、米国と欧州からほぼ同時に「事実性」に注目するしかないとする発想が出てきます。事実性とは「恣意的だけれど任意ではないもの」で、例えば歴史の参照で浮かび上がるものです。

　したがって、事実性は単に天から降ってくるものではありません。福山さんがおっしゃるようにEUには、ECSC（欧州石炭鉄鋼共同体）から始まり、EEC（欧州経済共同体）からEC（欧州共同体）へという展開史があります。これは一つの理想に向けて人々が織りなした歴史です。

　人は歴史を無視しては境界線のもっともらしさに納得しないものですが、逆に、境界線のもっともらしさをもたらす機能がある歴史になんとかして参加しようとします。バイであれマルチであれ様々な関係性を通じて、歴史を参照するのみならず、つくり出す努力が大切です。

福山　そうなんですよね。だからこの間もメコン諸国（カンボジア、タイ、ベトナム、ミャンマー、ラオス）と外相会談があったんですけど、今までのような援助のかたち、ODA（政府開発援助）のかたちから、例えばソフト部分の教育や衛生や、そういった方面への援助はできないのかということもすごく重要ですし、国民所得は非常に低いわけですよ。衛生状態も悪いわけです。ましてミャンマーなんていうのは軍事政権ですよね。しかしこの地域の発展は、アジア全体の底上げになる、ASEAN（東南アジア諸国連合）全体の底上げになるわけです。

こういった国に対して気候変動の視点から、エコシティのようなコンパクトな街づくりのようなものを、社会のインフラ・道路のつくり方、省エネの施設等も含めたパッケージのモデルを、日本は提供できる可能性を持っているわけです。

歴史をつくることができるか

福山 その地域の発展段階に応じてパッケージとしての街づくりを、中身だけは省エネにして、そこにある共同体を壊すことなく、維持できるようなものを、アジアの国とかに提供することは十分可能になる。

宮台 それは実に魅力的なプランですね。

福山 新しいマーケットもできてくるし、供給できる商品も日本にはたくさんあると。ああ、日本の協力でこういう街づくりができたとか、その日本の商品をさらに買おうというような、アジアの中での、重層的ないろんな組み合わせを模索しながら、東アジア共同体という流れができてくればいいと。で、それは意図的にとか強制的にとか、先ほど宮台さんが言われた、まさに原理や理念を押しつけて始めるものではないんじゃないかなというのが、僕の今の感覚なんですね。

宮台　おっしゃるとおりです。卑近な例ですが、映画批評家としての僕は、卓袱《ちゃぶ》台《だい》の周りに家族が揃って飯を食うシーンを見ると、これはアジア人にしか分からないアジア性だなどと思いがちですが、そこに感激して授賞するのが米国やフランスの映画祭だったりするのですね。

むろん、「単なるオリエンタリズムじゃねえか」と難癖もつけられるんだけど、それを言うなら、記憶なき昭和三〇年代ノスタルジー映画に感激する若い世代の日本人も大差ないという他ありません。我々がもっともらしいと思う境界設定でさえ、その程度のものなんですね。

このエピソードも二つの方向で理解できます。「どのみち、どんな境界線も乗り越えられていくんだ」という方向と、「その都度人々が自然だと思える境界線は限られるんだ」という方向です。両方が矛盾しないのがポイントです。その意味でならば人は「歴史をつくれ」ます。

福山　そうなんですね。もう一度気候変動問題に話を戻すと、なぜポスト京都議定書の枠組は全員参加が必要なのかと。まず一つは生態系の破壊をくい止めるために、また異常気象や農作物の地球的な、世界的な被害から逃れるためには、CO_2を全地球的に削減しなければいけないから、全ての国が参加することが重要だということです。どこかの国だけがただ乗り《フリーライド》するのは許されない。

二つ目は、全地球的にどの国でも減らさなければいけないという流れになれば、特に途上国は脱温暖化的な街づくりをしなければいけなくなるのだから、ニーズは世界中にあり、日本の技術は輸出可能になるということです。

公的資金と民間資金をどうマッチングして、途上国の支援に回すか、知的所有権の保障をどう担保するか……今後の交渉でルールが決まっていくんです。だからこそ、気候変動のルールづくりに早くコミットするべきです。

そのためにも二五パーセントの削減という国としての目標は必要であり、アメリカも中国も含めて全世界的に参加をすることが、日本にとっても地球的にも利益になりますよということを明確に申し上げたかったのが、あの鳩山総理の演説なんですよ。

外交問題としての環境問題

宮台 福山さん。外交問題から環境問題に移る前に、外務副大臣の立場にある福山さんから見て、今までの日本の外交はどんなもので、それをこれからどうしようと思われているのか教えていただけませんか。つゆ払いとして、外交に対する国民とマスコミの構えを論じましょう。

まず、今日の環境問題は外交問題と表裏一体ですよね。

福山 全く同じですね。

宮台　「外交問題としての環境問題」というあたりから入ってはいかがでしょうか。

福山　分かりました。

宮台　先ほど、一方に、外交の世界は「事情変更の原則」が効かない領域で、一度まとまった普天間移設問題を県外移設に変えるってわけには簡単にいかないという話があり、他方に、県外移設をマニフェストに書いて沖縄で四議席全部もらったという話がありましたよね。

この場合、外交原理の尊重が第一順位であることは間違いないとしても、外交では本来参照されない「その後の国内事情」を、しかし放っておくわけにもいかない。そこで、借りは返しますみたいな話を含め、情状の酌量を米国にお願いするという筋になると言いました。

福山　そうですよね。

宮台　僕が申し上げたいのは、イチかゼロかという思考習慣を変えることです。原理は確かに大切ですが、原理に合致しているか否かで物事を裁断して終わりじゃない。枠組から外れたことをお願いしなきゃいけないことなんて、人間関係には山ほどある。同じことですね。

ところが、広い意味での教育の問題――学校教育がどうのこうのじゃなく成育環境全体を含めた問題――かもしれませんが、若い世代になればなるほど、原理に合致しているか否かという「原理派」と、事実なんだから仕方ないじゃねえかという「事実派」が、分離しがちです。

福山　両極に振れちゃうんですよね。

宮台　原理を完全に尊重しつつ、しかも事実性をそっくり掬《すく》い上げるコミュニケーションをすること。それができるかどうかというところで、大人としての成熟がこれから試されるようになります。日本人が原理よりも事実にコミットする傾向があることを、どう利用するかです。
　そこでは「慣れ親しみ」ないし「自明性」が鍵になると申しました。日本人の集合的行動は、自明性の揺らぎには強く抗うものの、イデオロギッシュな固執は弱いので、実際に事実が変更されてしまえば、ほどなく適応して新たな自明性を生き始める、という話でしたよね。
「事実が変更されてしまえば、ほどなく新たな自明性を生きる」と言いましたが、山本七平的に言えば「現前性が変われば、空気が変わる」となります。現前性とは、現象学における意味とは違い、生々しさ——英語で言えば liveliness——を与える何ものか、という意味になります。
　その点で、マスコミが重要なんです。マスコミは、自明性や慣れ親しみを定義すると同時に、自明性や慣れ親しみの地平を変更するような現前性をもたらすからです。実際問題として、マスコミの流れが変われば「何だ、日本人の民度って一瞬に上がるじゃん」みたくなる。
福山　僕は上がると思いますね。もともと民度は高いと思っているんですよ。そんなに低くないんですよ、実際、適応するのも早いし。
宮台　僕はＴＢＳラジオのニュースバラエティ番組に、丸一五年出演しているのですが、やっぱりリスナーの皆さんがあっという間に変わるんですよ。

福山　そうでしょうね……。

宮台　逆に変わるのが早くて怖くなります。最初は僕の言うことなどとんでもないっていう反応でクレームの嵐だったりしたのが、しばらくして「重武装化せよー」なんて〝鳴き〟ますとリスナーの八割が賛成に回ります。別に急に民度が上がったんじゃないのですがね。

劇場型ジャーナリズムの限界

福山　そうですよね。テレビも政治番組系は変化しているそうです。以前は、とにかく、放言する人がたくさん出演していたと。自らの党の批判を平気でしたりとか……。

宮台　いわゆる「おもしろ系」ですね（笑）。

福山　ところが最近ディレクターとかに聞くと、やっぱりもうそれじゃもたない、と。ちゃんと拠って立つところを持ってコメントしてくれないと、視聴者の目が厳しいと。

宮台　それは僕も強く感じます。テレビにせよラジオにせよ、メディアに対する接し方が濃くなってきました。コミットメントの度合いが上がっています。セット・イン・ユース（ある時点でスイッチオンになっている装置の割合）が減っていることが背景にあるでしょう。

統計データを調べると、二〇〇二年ごろに携帯普及率が個人ベースで五割を超えるあたりで、テレビの視聴時間が顕著に減り始めます。要はケータイやネットやゲームなんかの機能的に等価な娯楽がある中、わざわざ番組にアクセスするってことで、享受の意味が変わりました。

福山 ああ、そういうことなんですか。

宮台 テレビやラジオに依存する必要がなくなったんですけど、それでもラジオを聴くとか、それでもテレビを視るというふうに、やっぱりそのぶんだんだん濃度っていうか密度が上がるしかないんですよね。

福山 なるほど。

宮台 ケータイやネットやゲームの利用をわざわざ中断してまでテレビやラジオのスイッチを入れてもらうためには、享受の密度が上がるしかないんですよね。つまり、ユーザーからの密度要求にうまく応えないと、実は番組の存続自体が成り立たなくなってきたわけです。

福山 それで、さっきのディレクターさんの話になるわけですね。

宮台 はい。並行して、番組でも、大学やカルチャーセンターの授業でも、難しいものをやめろという要求がなくなりました。平易にしゃべれる問題を難しくしゃべるのは論外として、構造的に難しい問題であれば、難しいからスキップするのではなく、難しくていいから伝えてほしいと。

同時に、オーソドックスないしクラシックな学説をきっちり教えてほしいという要求も高まってきました。経済環境や社会環境が流動的になる中で、相対的に変わりにくいものを――いわば自分の位置を計測するための定点を――古典的な学説に求めるようになってきています。

　そんな中で、そもそも構造的に難しい問題をスキップしてまで、「あなたの話は難しいんだよ！」などという田原総一朗的な要求に応えるような語り手や番組は、だんだん「なくてもいいよ《ノーサンキュー》」となってきていることは、間違いのないところですね。

福山　うーん。政治家は鍛えられますけどね。

宮台　だって単なる「劇場系」だもん。「二項図式的な対立を煽る」とか、「舞台裏に切り込む」とか、はっきり申し上げて「暢気な時代の化石」でしょう。そのくせ「あなたの話は難しいんだよ！」ですからね。「本質が難しいなら、難しいまま語ってください」でなきゃ。

福山　田原さんの旺盛《おうせい》な好奇心はすごいですけどね……。

あり得ない仮定

福山　この間、「サンデー・プロジェクト」で気候変動問題を扱われるということで、田原さんに呼ばれて出演したんですよ。テレビの放送ですから、時間が限られていますよね。

　気候変動の問題って年々複雑系に変わっていて、途上国とアメリカと中国とEUと日本等々、アクターも年々変わるわけですよね。そのアクターの経済成長レベルなどがすごいスピードで変化するわけですよ。ルールもどんどん細かくなってきていて、複雑なルールだからこそ、「分からないだろうな」という前提で、前政権や産業界がそこにつけ込んで一見とっても分かりやすい家計負担三六万円増みたいな話を持ち出してくる。当然、その「サンプロ」も「三六万円増」の真偽や、負担をかけてもやるのか、という番組構成になってしまいます。仕方ありませんが。まぁ、この数字がいかにおかしいかということを国民にお知らせするメッセンジャーになろうと決めているので出演はありがたいのですが……。

宮台 あの話は完全な嘘っぱちですけれど。馬鹿マスコミは鵜呑《うの》みにしましたね（笑）。

福山 気候変動対策を取らせないように取らせないように誘導してきたのが、実はこの一〇年の歴史なんですよね。そのおかげでどれほど日本の技術革新や日本の将来の成長の可能性を伸ばすことが遅れたかというと、これ、大問題。

まあ、この問題はメディアの限界を見事に表しています。先ほども申し上げたように、前政権下での中期目標検討委員会の三六万円という家計負担増の資料を基に、ほとんどのマスコミは質問に来るわけですよ。役所からの資料情報に頼っている記者クラブ制度の弊害であり、その指標を以てしか物事を語れないし、じゃあ、その言われた資料をもう一度見直して自分なりにチェックしようというメンタリティも働かず、全部そのまま鵜呑みにして、それをこちらにぶつけてくると。

鳩山総理の気候変動サミット演説以降、僕は十数社、もっとかもしれませんが、この気候変動問題について、特に二五パーセント削減について取材を受けましたけど、ほとんど同じ質問でした。

宮台　あの試算のおかしさは爆笑ものです。今の産業構造が変わらず、なおかつ今の環境対策と同じものを継続した場合、あり得る経済成長予想はこれこれだとし、対策を強化した場合に、二〇二〇年の一世帯あたりの可処分所得が、それからどれだけ下がるかという試算をしているのです。

仮定自体が百パーセントあり得ません。まず、各国がグリーン経済にシフトしていく中、産業構造が変わらないはずがありません。次に、今の環境対策と同じものを継続した場合、基準枠を超えた炭素の高額購入を含めたペナルティを計算していない。全てが出鱈目です。

福山　そうなんです。

宮台　加えて、二五パーセント削減対策を取るとあたかも来年から一世帯あたりの可処分所得が三六万円も減るようなプレゼンテーションを、事実上、官僚が首謀して行い、馬鹿マスコミがそれをなぞって報道したでしょう。報道番組のあまりのレベルの低さに腰を抜かしました。

近い将来、通信放送独立行政委員会――日本版FCCと呼ばれているもの――ができたら、こうした官僚のインチキ・プレゼンテーションを鵜呑みにして放送することで、国民に誤解を与え、片側の立場を有利にするような報道番組は、懲罰対象にしなければなりません。

福山 全くおかしくて、宮台さんが言われたように、温暖化対策を何もしないことが最も経済成長するということが最初から前提のモデルなんですよ。これだけ世界中が将来の気候変動に向けての技術革新の競争をしてるときに、何もしないことが一番経済成長すると。ましてやリーマン・ショック以降これほど経済がマイナス成長になっている最中にですよ。何もしないとなんと毎年一・三パーセントずつ経済は成長して、二〇二〇年にはGDP六五四兆円に経済の規模は大きくなるという話が、前政権の試算なんです。

宮台 そう。EU各国も二五パーセント削減と同等の数値目標を掲げていますから、そこには確実にグリーン経済の新たな市場が生まれます。風力発電などではとっくに生まれています。この新たな市場に参入していればこそ可能な成長率のゲインがあるはずなんです。

逆に言えば、グリーン経済が生み出す新たな市場に参入しなければ確実に失う成長率のロスがある。前政権の言い方だと、二五パーセント削減をするとインチキ経済成長予想から一世帯あたりの可処分所得がこれだけ下がるという話ですが、市場環境が変わるのだからそんな話が成り立つわけない。

まとめると、第一に、インチキ経済成長予想から可処分所得がこれだけ下がるという話をあたかも来年から所得が減るかのようにプレゼンテーションしたインチキぶり。第二に、経済成長予想自体のインチキぶり。第三に、グリーン経済が生む巨大市場を無視するインチキぶり。

本当にインチキのオンパレードです。まあ、第二と第三のインチキぶりにはとりあえず目をつぶって、第一のインチキぶりに言及すると、二五パーセント削減対策を取っても経済成長するんですよ。何もしない場合（！）の可処分所得から見て二〇二〇年で三六万円減るという話。

福山　何もしないときのGDP六五四兆円に比べて、六五〇兆円や六三七兆円になるという話なんです。現状で五五〇兆円ぐらいですから、二五パーセント削減しても、今より経済成長しているんですよ。

宮台　インチキ・シミュレーションですらちゃんと経済成長するのに、馬鹿マスコミの報道だと、所得が減るかのような話になってしまっていたわけです。

福山　分かりやすく言うと、今所得が三〇万円の家庭があるとします。その家庭が二〇二〇年には何もしないと三七万円に増えます。でも二五パーセント削減すると三五万円になりますということなんです。

宮台　という話なんですがね。こんな簡単なことを報じられないって、どういうことなんだ。

福山　だから三七万から三五万に二万円減りますよっていう話であって、決して今の三〇万円が二八万円になるという話ではないのに、変な仮定と比べてこれだけ下がってるということを声高に言って温暖化対策をやらせないようにするんです。

さらに言えば、エネルギー効率を上げるための投資をすれば、将来的には必ずエネルギーコストは下がります。

宮台 そのとおりなんです。それを試算に算入していないのが、第四のインチキです。

福山 このエネルギーコストが下がる分は、あの試算には入ってないんです。エネルギー効率をよくしたり技術革新をするために投資をすれば、エコカーや太陽光パネルにしても、他の環境制御技術にしても、新たな商品ができ、新たなマーケットが生まれます。そのことによる経済成長も試算には入っていません。

宮台 結局、各国の環境対策が進展すると経済の新しいゲームが始まることが、勘案されていない。今と市場構造が全く変わらないという仮定を置いている。これほどインチキな仮定を置いた本人はインチキを自覚していますから、完全に特定目的のためのインチキです。

福山 今の市場や産業の構造が変わらなかったら、日本は国際競争の中でたいへん厳しい状況に陥るわけです。負け続けるゲームに入らざるを得なくなる。このことは全くナンセンスな話で、そんなことが許されるはずがない。あり得ない仮定に基づいた、あり得ないゲームの試算にすぎないんです。

宮台 しかしメディアがそれを報じないんですね。新しいゲームに参入しなければ日本の産業界全体が沈むというのに。

福山　そう。全部役所の言うことをそのまま報道するわけです。何度我々が指摘しても、当時は野党だったのでほとんど意に介してもらえなかった。

宮台　ああいう試算をマスコミが「インチキだ」って糾弾するようになっていたら、霞が関官僚だって、ああいうものを出してくるわけがないんです。ということは、現在のマスコミが霞が関官僚によって「どうせこの程度の馬鹿だろう」と見切られているわけですよ。

福山　前政権での試算の誤りについては、現政権下のタスクフォースで検討し、すでに報告が出ています。一度やった試算をやり直すなんて、政権交代がなければ、あり得なかった話です。

　その報告の中では、実質可処分所得の減少額二二万円と光熱費の上昇額一四万円という、重複する足すべきでないものを足し合わせて提示したと、そして、そのことで誤解が生じたと述べられています。つまり、三六万円の負担増はおかしかったという結論になりました。

宮台　しかも重要なことは、シミュレーションには少なくとも四つのインチキがあるということを説明するのに、どうしても一分間ぐらいかかってしまうことです。テレビだと一分間なんて、そうそうしゃべらせてくれないですからね。

福山　だから僕はこの話についてのテレビ番組には、収録では出演したくありませんでした。

宮台　それはいいですね。

福山　自分の意図とは別に編集されてしまうので。どうしても収録でっていうときだけは、相当強くここは切っちゃダメだと言って出演しました。これは本質的な問題で、記者クラブ制度の下で、役所から出てきた情報をそのまま垂れ流すことに慣れ切っているからそういう話になるんですよ。

宮台 とにかく、現在のテレビや新聞には、「今度はどこが杜撰《ずさん》だろう」「今度はどこがマヌケだろう」と、あら探しの楽しみをする以外には、接触しないほうがいいでしょう。まあ、この本をお読みになった方々は、もう十分にそのことを分かっておられるとは思いますが。

外交という名のゲーム

宮台 福山さんは外務副大臣として、従来の自民党と外務省チームがやっていた外交、あるいはもっと拡げて戦後外交をどう評価され、それを踏まえて民主党の鳩山政権あるいは将来の日本の政権がとるべき外交の方向性をどう構想されているのか、お話しいただけますか。

福山 それはなかなか、難しい部分もありますが。少なくとも外交には連続性と変化の両方があると思うんですね。僕はよく日本のメディアが連続性ばかりを主張することに対して反論しています。アメリカは政権交代が繰り返されているが、外交は普遍で継続しているだけかといえば、全く違う。なぜオバマ大統領のプラハの演説が評価をされるかといえば、ブッシュ政権が今までCTBT条約（包括的核実験禁止条約）の批准に消極的だったにもかかわらず、オバマ大統領が完全にそのポジションを変えたことが明確だったからです。

宮台　そう思います。

福山　それからカットオフ条約（兵器用核分裂性物質生産禁止条約）という、核兵器の材料の製造を禁止する条約についても、交渉する気運すらブッシュ政権は見せていませんでしたが、オバマ大統領は、この条約も交渉を開始することを受け入れた。外交スタンスが大きく変わったんです。そのことを明示したからこそ、あの核廃絶の演説が本気だということにつながるわけです。政策は理念も大事ですが、具体的に何をするかというプロセスを示さないと、リアリティが出てこないわけですよね。

で、例えば、クリントン元大統領が、北朝鮮に身柄を拘束されていた女性記者二人の救出の名目で行かれました。これは米朝対話を求めていた北朝鮮に対して、アメリカは政府として訪れたのではないと発言していますが、たとえ、クリントン元大統領が私人の立場で訪れたにせよ、少なくとも北に対するオバマ政権の小さくともスタンスの変化のシグナルを世界中に与えることになります。

つまり外交というのは連続する部分もあれば変化させる部分もあり、両方相俟《あいま》って政権交代の意味合いがあるわけです。

そこのところの仕分けが日本の外交政策については全くできていなかった。特に自民党政権下の外交政策は、たまたま派閥の順送りで総理になった人間の、中国に対するスタンスがどうか、例えば、その総理が靖国に参拝するかどうかが非常に重大なイシューになったわけです。もちろんこのことを、私は重大ではないとは言わない。でもその瞬間に中国との関係は過去の政権との前提が全部崩れるわけです。その時に連続性の議論を日本のマスコミや国民がしてきたかということです。

つまり、靖国の問題で外交関係がすぐに崩れるような非常に脆弱な関係が日中間につくられてきた。日韓間においても、教科書問題も含めて時の政権の対応によって、ある時には融和な関係に、ある時には非常に冷たい関係になるということが繰り返された。

連続と変化というのはすごく難しいんですけど、自民党の場合には、その人の中国に対するポジション、靖国に対するポジションで外交が動いた。

一方で、宮台さん的に言うと小泉・竹中外交が続いてアメリカに対する国民のフラストレーションがたまっていた。そのフラストレーションを中国や韓国に対して向けることによって、ある種のガス抜きをしてきた歴史があった。

宮台 丸山眞男のいう「抑圧の移譲」ってやつ(笑)。上司が部下を抑圧すると、部下はその部下を抑圧することで、実存的なホメオスタシスを保つ。あるいは、上司にヘコヘコする部下は、その部下に居丈高に振る舞うことで、尊厳のホメオスタシスを保つというものです。

福山　そのことが日本の外交政策として本当に健全なのかということですよね。オバマ政権はさらに、イラクからは撤退を表明し、アフガニスタンには増派を言い出してきている。国際社会に対するコミットメントがここでも変わっているわけです。その変わってる部分に対する評価をきちっとしたうえで、日本は何をするかということを考えていかなければいけない。

アメリカとの関係で言えば、やはり日米同盟は基軸であり、経済的な相互依存関係も含めて、重要です。

このことを理解したうえで、オバマ政権と外交的な価値観を共有できるところについて、一つ一つ具体的なものをどう積み上げていくかというのが重要になります。両リーダーの理念は共通するということは、ある意味では国連の双方の演説で確認できたわけです。次にどう具体的に進めていくか。

少し先の話で言えば、核の廃絶についてオバマ大統領の言われたことに対して、日本は積極的にサポートしますよと。それから気候変動問題については、オバマ政権と議会との複雑な事情を理解しながら、日本としては、アメリカにもポスト京都の枠組には入ってきてくださいよという環境をつくっていく。そのために日本は自らのスタンスについて、きっちり対話・連携の関係を一つ一つ積み上げていく。

中国に関しては先ほど言ったとおりです。お互いのトップ同士、総理と主席の間では融和路線を演出していく一方、しかしながら外務大臣のところでは個別の政策についてきちっと言うべきことは言い、それを積み上げていく。

そのつながりしか僕はないんだと思います。その積み上げを鳩山政権が四年続き、外務大臣が四年続くような状況があれば、自民党政権時代のように毎年総理や外務大臣が代わって、そのたびに官僚が道筋をつくっていく、という外交からは、様変わりをするのではないでしょうか。

先ほども申し上げたように、日本が外交のゲームに参戦してきたというイメージが各国にあると思います。僕はそれは決して日本に対してネガティブなイメージになるとは思いません。ネガティブなイメージだと思うほど、各国の外交交渉者はやわではありません。日本が参戦してくるんだったら参戦してきたらいいというぐらいに考えていると思いますし、その参戦してきた日本の中で何を利用するか、何を自らの国益とでバーターしていくかということが、国際交渉なわけですから、そういうゲームがまず始まったというのが僕なりの今の認識ですし、鳩山総理と岡田外務大臣というコンビは、そういった外交をしていく役割分担ができる外交チームだと思いますね。

日米同盟の正体

宮台　なるほど。僕が不安なのはモニタリングです。密約の話が出た際に触れましたが、日米関係がどんなものだったのかを改めて自分たちで精査し、加えて米国が日米関係をどう理解してきているのかを精査し、両方つき合わせて交渉過程に入るのが大切だと思います。『日米同盟の正体――迷走する安全保障』を著した外務省の元国際情報局長・孫崎享氏を「マル激」にお呼びして語っていただきました。孫崎氏がおっしゃるように、九六年の日米安保再定義から〇五年の2プラス2合意への流れが、セルフモニタリングされていません。

安保条約の目的は冷戦体制下、共産主義の脅威から日本を守ることでした。そのため、米軍に基地を貸与するかわりに本土を防衛してもらう。条約を締結した吉田茂は冷戦体制が終われば用済みになる図式だと考えました。九一年のソ連崩壊で、その時が来たと思われました。

ところがそうならなかった。第一に、日本に「軽武装―対米従属」から「重武装―対米中立化」への機運がなかった。第二に、八〇年代の日本の製造業一人勝ちと米国経済の悪化で、米国に「安保タダノリは許さぬ」との機運が高まったこと。かくして安保再定義となります。

具体的には、九六年の橋本＝クリントン会談で出された日米安保共同宣言と、それを踏まえて九七年に締結された、新たな日米防衛協力のための指針（新ガイドライン）です。そこで本土防衛は自衛隊の一義的責任《プライマリー・リスポンシビリティ》だと明確に規定されました。

八九年の日米構造障壁協議 Structural Impediments Initiative を「日米構造協議」とインチキ訳をすることで問題の本質を隠蔽した外務省は、日本が武力攻撃の排除に一義的責任 primary responsibility を持つという件《くだり》を「主体的に行動し」という爆笑訳をつけています。

そのうえで「日本周辺地域における事態で日本の平和と安全に重要な影響を与える場合（周辺事態）」には米軍による自衛隊施設や民間空港及び港湾の使用を認め、「戦闘行動が行われている地域とは一線を画される日本の周囲の公海及びその上空」においてなされる米軍の活動であっても自衛隊が後方支援を行うことが定められました。

この「新ガイドライン」をベースに、九九年には周辺事態法が成立したわけです。安保条約第六条における「極東の平和及び安全に対する脅威」という規定に比べると、「日本周辺地域」という規定はいかにも曖昧です。まあ、平たく言えば、適用されるエリアを拡げたわけです。

ここまでの話は周知ですが、孫崎氏が注目されるのが〇五年の2プラス2における合意です。この合意は、安保政策の根本的な転換を意味するものでありながら、国会でほとんど審議されず、マスコミ解説も皆無でした。

根本的な転換というのは、日米安保の根幹をなす国連憲章の尊重を周辺化し、国際安全保障環境改善（テロの脅威への対処）のために米軍と自衛隊が一体となって共通の課題に取り組むとされていること。日本が米国に守ってもらうための協力という話はどこかに吹き飛びました。

米軍と自衛隊が協力する際の、有事の範囲を極東から東半球全体に拡げるのみならず（＝日米安保共同宣言）、日本の与り知《あずか》らぬ米国の国際戦略を日本が軍事的にサポートするという話になってしまった（＝2プラス2合意）。これは安保条約の精神からかけ離れています。

日米安保条約で、米国が日本を助ける「義務がある」という話にしたかったのが――というのは米国に日本を防衛する義務があるか否かに解釈上の疑義があるから――、二段階を経て、日本が米国を助ける「義務がある」という話になっちゃった。つまり話が逆になったんです。ところが、話が逆になったということを、日本政府は国民には全く伝えなかったので、孫崎氏の本などが出てはいるものの、国民は大半が知りません。馬鹿マスコミがこのことに注目する気配もありません。日本国民が知らなくても、米国は日本がそういう立ち位置に変わったという前提で行動しています。普天間問題もその中にある。

読者のためにもう一度言います。僕らは、日米安保体制を、日本を脅かす軍事紛争が極東――あるいは拡げてシーレーンくらいまで――に生じた場合、米国の軍事行動に対して日本は施設利用と兵站《へいたん》提供の便宜を図れ、という話だと思っています。が、すでに違うんです。

外務省が敷いたレールだから、自民党の政治家だってまず知りません。2プラス2合意は、普天間基地をどこに移設するかという問題よりもずっと重大です。なぜなら、移設先が何のために使われるのかを決めてしまう話なのですから。だから検証が必要なんですよ。

福山 過去の経緯を知らないと、我々も交渉に入れないわけです。その時に交渉相手から、「君たちは、事情を知らないのかもしれないが、あの時はこうだった」と言われた瞬間にゲームオーバーになるんです。

宮台 おっしゃるとおりですね。

さらに言うと、2プラス2合意の前なら、「軽武装―対米従属」から「重武装―対米中立化」へという話も「自国の安全に関わることは自国でやります」というシンプルな話でしたが、この合意によって、日本は米国の国際戦略に軍事的にコミットするという話になった。

これでは「重武装―対米中立化」どころか「重武装―対米従属化」を意味してしまいます。これじゃ、僕が長年言ってきた「重武装―対米中立化」構想を、アジア周辺国の感情的緩和を図りつつ実現するのは無理。2プラス2合意以前に巻き戻してもらわなければなりません。

これも、外交的な約束事なので、先に触れたように「事情変更の原則」が適用できないことになっているのですが、なにせ、憲法改正にも相当するような「国是の変更」が、国会審議を経ていないのだから、米国にたとえ土下座してでも、巻き戻してもらう必要があります。

福山 またしても、外務副大臣としては、コメントできませんね（笑）。ただし、その部分は、まさに「事情変更の原則」が効かない分野のような気がします。

平和憲法の嘘

宮台　2プラス2合意スキームを変えるにせよ変えないにせよ、米国が自国の戦略に基づいて関与する軍事紛争に、日本は今後どんな態度を取るかが問われています。変えない場合は、米国の戦略はよく分からんが日本は軍事的にサポートしますという笑えない話になります。

これはまずいでしょう。「米国の戦略はよく分からんが日本は軍事的にサポートする」って、仮に「価値観が同じ」だったとしてもあり得ません。価値観は逐一同じでも、国際政治上、地政学上のポジションが違えば、戦略的に何が有効かが変わってきてしまうからです。

福山　例えば、あの「非戦闘地域」という概念は、いま宮台さんが言われた文脈の中から出てきたものといえるのでしょうか。

宮台　そうです。つまり、小泉のように嘘をつかないと、2プラス2合意を、現行の憲法解釈とささえ、整合させることができないわけです。鳩山首相であれ、誰であれ、今後首相になる政治家は、小泉のように嘘をつきたくなければ、2プラス2合意以前に巻き戻す必要がある。

今後は誰が首相であれ、小泉のような嘘は継続できません。できないので、自衛隊のイラク派遣のような振る舞いを今後も繰り返すのであれば、それが戦闘行為を蓋然《がいぜん》的に伴う以上、海外での軍事活動を禁じた憲法の現行解釈に、抵触することになります。

僕は憲法九条改正に賛成ですが、自衛隊の海外での戦闘行為の許容を大幅な解釈改憲で切り抜けるのは、憲法の空文化を招くので、反対です。ここはまさに、憲法が国民から国家への命令であるという本義に戻って、憲法に表明される国民意思を樹立し直すべき時です。

僕も平和主義を堅持するのがいいと思う。さて平和主義って何ですか。隣でご婦人が理不尽な暴力を受けているとき、私は平和主義者なので何もしません、と逃げる平和主義ですか。理不尽な暴力によってご婦人が屠られるのは許せない、と敢然と立ち向かう平和主義ですか。「ジャイアンの暴力にぶら下がりながら、ボクは平和主義者だもんとホザくスネオ」がインチキ平和主義だとすれば、「ご婦人を手込めにするのは許せないけど、ボクは平和主義者だから何もできないな」もインチキ平和主義です。どちらもドイツで問題になりました。

ドイツで問題化したことが、日本で問題化しないのは、変ですよ。我々日本人が平和主義を矜持《きょうじ》にできるのは、平和主義をどのように規定した場合であるのか。今度こそは国民的に議論を起こしたうえで、いわば祝祭的に、憲法意思という一般意思を樹立する必要があります。

燃えるアフガン

福山　よく分かります。アフガニスタンの問題では、例のインド洋での給油が非常に注目されてます。

アフガン本土には、NATOを含めて国連の決議に基づいて行っている部隊がいます。

宮台　いわゆるＩＳＡＦ《アイサフ》（国際治安支援部隊；International Security Assistance Force）ですね。

福山　日本はＩＳＡＦにはコミットしていませんが、民生支援としてのアフガン復興には、世界でも有数のコミットをしています。二〇〇二年、アフガニスタン復興支援国際会議を東京で開き、二〇〇九年までに日本は約二〇〇〇億円を投じていて、いわゆるＤＤＲ（Disarmament Demobilization and Reintegration）という武装解除については伊勢崎（賢治）さんを中心に非常に大きな貢献をしている。

それから最近、何が現地で最も問題かといえば、治安ですから、警察能力を向上させるというのが至上命題となっています。この警察官の給与の半年分を日本は今負担してるんですね。それからインフラ整備や教育、医療・衛生の分野についても、外務省の職員がリトアニア軍に守ってもらいながら、そこで文民支援をしてるんですね。すごく評価が高いんですよ。

宮台　まさに「火中の栗《くり》を拾って」文民が活動しているわけですね。

福山　本当に評価が高いんですが、あまりそこは日本国民に知られてなくて、インド洋での給油はどうするのかという議論ばかりになってるわけですね。

宮台　いわばアリバイです。極めて低リスクで、国旗と制服を見せることができるという。それがうまくいきすぎるがゆえに、給油は長い目で見て日本のためにならないと思う。国旗と制服を見せられなくても「火中の栗を拾う」ような活動こそ、真に日本のためになります。

福山 他方、文民支援のほうは制服は存在していませんが、貢献はしてるわけです。しっかりとやってるものはちゃんと国民に知ってもらって、そのうえでさらに選択肢をもう一度考えなきゃいけない。

国際社会の一員として国際協力に対して日本はどのようなかたちでコミットするのかをちゃんと議論しなきゃいけないんです。

第六章

閉ざされた政治空間

言論鎖国――湾岸戦争のトラウマと神話

宮台　やはり米国がどう評価してくれるかだけを気にするという意味で、議論が「国内向け」です。最大の問題は、2プラス2合意のせいで、何かというと、米国の軍事活動を後方支援するというかたちで、間接的に国際紛争にコミットせざるを得なくなってしていることです。

イラクのサマーワへの自衛隊派遣もＰＲＴ（地方復興支援チーム）活動でしたが、これが「国旗と制服」ゆえに大々的に報じられたのに比べて、アフガンでの文民によるＰＲＴ活動は、国際的に評価されるコミットメントをしているのに、成果をマスコミがちゃんと報じません。米国が給油活動を評価してくれていたのは、米国が大量破壊兵器疑惑の大嘘をベースに勝手にやっていたイラク攻撃と、国際社会が共同で取り組んでいるアフガン治安回復活動とを事実上全く区別せずに、便宜を図る活動をし続けていたからという面が大きい。

給油方面が専ら米国の顔色ばかり見た活動だとすれば、アフガン自身を含めた国際社会が評価するのは、ＩＳＡＦとＰＲＴ。ＩＳＡＦは多国籍軍的な活動であり、ＰＲＴは文民的な復興支援活動です。サマーワと違ってアフガンＰＲＴは極めて危険なので、評価も高いです。

二〇〇七年『世界』一一月号に小沢一郎氏が掲載した論文はＩＳＡＦ参加を推奨するものでしたが、ＩＳＡＦとＰＲＴを比較してどちらが憲法上の疑義がないかは自明です。であれば、現在アフガンでなされている文民によるPRTが今後の国際貢献の方向だと打ち出すべきです。

福山　それも一つの考え方ですね。

宮台　国際紛争に関わるコミットメントというと、いろんな歴史的経緯があるけど、必ず自衛隊を出すか出さないかという話に絞られるのは問題です。直接米国を喜ばせるという意味でも顔色を窺い、米国の国際戦略のために自衛隊を使うという意味でも顔色を窺っています。

福山　それは湾岸戦争のトラウマですよ。

宮台　おっしゃるとおりトラウマです。本来カネを出したことも十分に評価されるべきです。このトラウマを、わざわざ言挙げしているのは、九六年の日米安保共同宣言から〇五年の2プラス2合意にかけての「自衛隊を米国の小間使いにする計画」の、推進勢力にすぎません。

だからこそ、国際紛争に関わるコミットメントが大幅に「国旗と制服」寄りになってしまうわけです。つまり、そこでは、国際紛争に関わるコミットメントが「自衛隊がらみ」のものでなければいけないという歪《ゆが》んだ結論を導くために、話が「トラウマ化」されているのです。

この歪みを正すという意味で、現在なされている文民的な復興支援活動の実績は然々のものであると、やはりマスコミが大々的に報じるべきなのです。「カネを出すか、自衛隊を出すか」という貧しい選択肢は、特定勢力を利するためにセットアップされた罠だと心すべきです。

福山　伝えることが重要なんです。しかし一方でオバマ政権はアフガニスタンに、より強くコミットしようとしています。ＩＳＡＦに参加している部隊ではあちこちで死者が出ていて、各国の国内事情が難しくなっています。なぜアフガニスタンにこんなにも関わらなきゃいけないんだという議論が、参加国内で出てきています。そんな時に役割はだいぶ小さくなっているとはいえ、このインド洋での給油について、単純延長をしないということを国際社会はどう見るか。しかし、治安回復を含めた、さらなる民生支援も必要です。

宮台　事実上、米国の自衛権行使という完全に公的とはいえない枠組の中で、給油というリスクのない活動をしている日本でさえ撤退するのだという話になれば、多数の死者を出し続けているＮＡＴＯ諸国では国内世論がもたないという話ですね。だから代替的貢献が必要です。

ＮＡＴＯ軍が手を引く契機になった場合、最も重要なことは、米国にどう思われるかという問題よりも、アフガンにおける国際的な治安維持＆復興支援活動を停滞させる元凶に日本がなる可能性があるという問題なんです。

だから、外務副大臣としての福山さんは大々的にはおっしゃれないし、マスコミも不人気を恐れて言いにくいでしょうが、国内世論さえ許せば、生命の危険を冒してまで、ＰＲＴ的な文民による復興支援活動を大々的に増派することで、埋め合わせができればよいわけです。

ところが、ＰＲＴ的な文民による復興支援活動でそれなりの数の死者が出た場合、免疫のない日本の国内世論がどうなるかという問題が絡みますので、他の先進国にない困難がともないます。「平和主義とは生命の危険を顧みず活動することだ」という発想に乏しいですからね。まあ、ほんとに難問中の難問ですね。

福山　難問です。

他者性のない政治

福山　そこまでの認知理解が有権者の中に拡がってないことが問題なんです。単にぶれたとかぶれないとかという話に変えられちゃうと、すごく短絡した議論になっちゃうんですよね。

宮台　国際貢献の本質は「ぶれたぶれない問題」じゃなく「他者性の問題」です。米国が日本を見る目はこうだ。EU諸国が見る目はこうだ。アフガニスタンの人が見る目はこうだ。日本の選択肢は、ああすればああ、こうすればこう。然《しか》るに、日本が果たすべき機能はこう。

こうした連立方程式を解くことが必要です。連立方程式が解の存在条件を満たさない場合、優先度の低い方程式から順に除外する必要があります。しかもこうした手順を国民的な合意を取りつけつつ踏む必要がある。結局、木を見て森を見ないマスコミが問題です。

福山　そうなんです。日本の外交は今まで他者性がなかったんです。メディアの報道もそうだし、政治家の一挙手一投足というか所作も全く他者性がないんですよね。こう言ったら相手はこう反応するだろうなと思うのに、平気な顔して言っちゃうとかね。

宮台　僕のマスコミ活動での経験から言うと、日本国民は賢いが、マスコミが駄目。「マスコミは馬鹿で国民は賢い」という前提で、福山さんや岡田さんや鳩山さんは外交問題の発言をしていただかないと。普天間基地移設問題での鳩山発言をマスコミがどう扱ったかを忘れぬように。

大事な発言は、原則として生出演でやる。やむを得ず録画録音の場合には、一部だけ抜き取られないような発言の仕方をする。神保哲生氏が米国の重要な職にある政治家はそうした注意を払うとおっしゃっていました。五秒以上のセンテンスはしゃべらない、複文は使わない、などです。

福山　こういう話はテレビでもたぶんじっくり話せない。なぜなら話してもたぶん誰かが割り込んできて最後まで聞いてもらえるような状況は絶対つくれないでしょう。だからやっぱりこういう本で話をさせてもらって、最初はある程度限定された読者から理解が広まっていくっていうのが一番いいでしょうね。

宮台　そうです。ポール・ラザースフェルトの「コミュニケーションの二段の流れ」仮説は今も有効です。ただ、一段目のオピニオンリーダーが、論壇人や論壇誌読者でなく、アルファブロガー（影響力のあるブロガー）になっていたりします。「マル激」を含めてインターネットが注目です（笑）。

環境問題の本質

宮台 外交が「他者性の問題」である典型例が北朝鮮です。今年に入って北朝鮮が強硬路線をとる目的は二つです。第一は、核の無力化と引き換えに国際社会から経済や技術の援助を引き出す。第二は、現体制が崩壊したら核をぶっぱなすぞという恐怖を周辺諸国に植えつける。

第二目的があって第一目的が達成できるので、両者は密接に結びついています。一言でいえば、現体制存続。ならば核問題解決に必要なのは、国際社会が、核がなくても現体制を存続できるという担保を与えること。経済や技術のリソースを渡す条件として核を無力化させること。

日本は、拉致問題における強固な国民感情を背景に、経済制裁の強化策をとり続けた結果、北朝鮮との交渉能力を失いました。制裁カードは本来「切らないうちが花」。カードを一度切れば相手がそれに適応するからです。僕の博士論文『権力の予期理論』で詳述しました。

実際、制裁カードを何度も切った結果、北朝鮮の貿易額に占める日本の割合は数分の一に減少。もはや日本の経済制裁強化など痛痒《つうよう》を感じません。このまま日本が強硬策を続けるだけでは、北朝鮮の核を無力化させるという国際社会の共通目標に、全く貢献できません。

国際社会にとって核問題と拉致問題とどちらが大切かといえば、むろん核問題です。日本にとっても実は同じです。先ごろ長距離ミサイルが日本の頭上を通過したのでミサイル防衛システムを使えうんぬんの騒ぎがありました。これはマスコミの馬鹿騒ぎの典型で、無意味です。

このシステムはミサイルの予想着弾地点から正面衝突させて迎撃する以外に機能せず、頭上三〇〇キロを飛ぶミサイルを撃ち落とすシステムは世界のどこにもないからです。問題は二〇〇発の中距離ミサイル「ノドン」が日本をねらっていること。核は「ノドン」に搭載されます。

とするならば、拉致問題は核問題とワンセットで解決するしかありません。とすれば答えは一つ。核放棄の見返りに日本を含む諸外国から与えられた経済や技術のリソースへの、さらなる見返りとして拉致問題での譲歩を引き出すしかない。これ以外のルートはありません。

すると「核問題を拉致問題に優先させること」と「拉致問題解決を現実化させること」が矛盾しないこと、いやむしろ前者なくして後者があり得ないことが、自明です。だとすれば、まずは核問題の解決を目指して、交渉のテーブルにつくしかないということです。

だから拉致問題を持ち出して、核問題を協議する六カ国協議での日本の座席が失われるようなことをしてはいけない。拉致問題について北朝鮮が一定の条件を満たさないのなら、核問題の交渉には応じられないというのは「核が降ってくるんだけど、分かってるのか」という話。

福山　単に日本の立場を主張することが国益だとか外交だとかと思ってる人が意外にも多くて、主張するのはあくまでもお互いが落としどころを探るときの最初のジャブで、お互い主張し合って、あとは妥協点はどこかということでお互いの国益のバランスを最適化するわけです。その作業をすることが外交であり政策形成です。

宮台 そうですね。北朝鮮の問題も、東シナ海の資源開発問題も、何もかもがそうですよね。相手がいる以上、可能な落としどころはそんなにない。とすれば、可能な落としどころのうち、たとえ最適ではなくても許容可能なものを、いかにすみやかに実現するか、なのですね。

福山 気候変動問題なんて、まさにその、地球上の全世界を巻き込んだ巨大なる妥協の芸術品をつくろうという話なんですから。

宮台 『日本の難点』でも、環境問題は外交問題である以上、政治問題なのだと書きました。社会システム理論家ニクラス・ルーマンの言葉で言えば「社会とエコシステムとどちらが大きいか。人はエコシステムの中に社会があるという。実際は社会の中にエコシステムがある」。

システム理論の言い方を使えば、「社会の外部についての表象は、全て社会の内部イメージ」「システムの外部についての表象は、全てシステムの内部イメージ」。つまり「環境についての表象は、すべてコミュニケーションの産物」ということ。これに例外はありません。

もちろん、人類が環境を破壊すれば、人類社会は滅茶苦茶になります。しかし、そのことと、「環境についての表象は、全てコミュニケーションの産物」という命題とは、完全に両立します。ここが、社会システム理論の最も難解であると同時に、最も本質的なところです。

この「本質的なところ」には幾つかの含意があります。第一に、地球環境問題は政治問題でしかあり得ないこと。第二に、CO_2が地球温暖化の主犯かどうかはどのみち分からないこと。第三に、にもかかわらず、地球温暖化次第では人類社会が巨大なダメージを被るだろうこと。

つまり、第一点にも第二点にも第三点にも、他と切り離して固執してはならないのです。それを、地球物理学者の松井《まつい》孝典《たかふみ》氏は「CO_2が温暖化の主犯か否かは不確かだが、地球圏における人間圏の大きさを最小化することが、地球圏の維持に良いのは確かだ」と言います。

福山　僕自身はCO_2がほんとの犯人か犯人でないかという神学論争をしていること自体、あまり意味がないと思っているんですよ。IPCCでは、CO_2原因説がほぼ確定しているし……。

宮台　そうおっしゃっていただけるとうれしいです。僕が思うに、「CO_2が犯人じゃない。なるほどそうかもしれない。それが何か？」という「ソーホワット so what 問題」です（笑）。一般に、劣等感の強い人ほど「ソーホワット問題」に拘泥《こうでい》しがちですよね。

福山　もう外交ゲームが始まってるわけですから、早くその外交ゲームに参加したほうが国益にもかなうという話なんですよ。

宮台　そうです。「新しいゲームへの流れが決まった以上、新しいゲームに乗り遅れると大きな損失を被るのは確かだ」という事情と、「CO_2が主犯かどうかに関係なく、新しいゲームが人間圏を相対的に小さくするのに役立つのは確かだ」という事情が、あるからです。

先に前政権主導のインチキ・シミュレーション「一世帯あたりの負担増三六万円」の話題に

なったときに触れましたが、経済人を含めて、日本人の多くが「社会は人間によってつくられたものだ」という発想を欠くので、「社会がいつまでも変わらない」と思いがちであることがあります。

社会が「慣れ親しみ」の中に埋没しがちなこうした傾向を、丸山眞男は「作為の契機の不在」と呼びます。「慣れ親しみ」を害するものに否定的に反応しがちなものの、環境が変わってしまえば、やがて新しい環境に何事もなかったかのように「慣れ親しんで」しまう。

血縁よりも地縁が重要になるのも、イデオロギーよりも事実性が重要になるのも、信念よりも空気が重要になるのも、昨日までの「鬼畜米英」が今日から「アメリカさん、ありがとう！」になるのも、そのせいです。にもかかわらず、「鬼畜米英」段階では狂信的《ファナティック》に見えるわけです。

でもね、結局のところ、ゲームはいつかは変わるんです。今までもそうだったでしょう。維新後に「羽織袴《はかま》」のゲームから「洋装」のゲームに変わってしまったように。敗戦後に「天皇陛下万歳！」のゲームが「マッカーサー万歳！」のゲームに変わってしまったように。

変わらなければ、変わらない

宮台 それは丸山が言ってるんです。だからさっきの試算が典型。「何もしなければ変わらない。ずうっと続くはずだ」「続かないよ、そんなもの」っていう問題なんですよね、簡単に言えば。

福山　（笑）そうそう。

宮台　維新以降の近代化や、敗戦後の再近代化の歴史を振り返るにつけても、ドラスティックな変化を経験したあとの一定期間、日本人は変化自体に「慣れ親しみ」を抱く結果、恐るべき柔軟性と創造《イノベイティビティ》性を発揮します。その意味で、政権交代の不在はあまりに重大でした。

むろん「ニワトリと卵」です。日本人が、「慣れ親しみ」を前提にして政治に〝お任せ〟したうえで、ときたま〝お灸〟を据える投票をするだけだから、政権交代がなかったのですが、政権交代がなかったからこそ、人々はいつも「慣れ親しみ」をベースに振る舞ってきたのです。

いずれにせよ、「特に何かしない限りは、何も変わらないだろう」という発想――〝お任せ〟と〝お灸〟のコンビネーション――と、政権交代の不在とは表裏一体でした。でも実際には、特に何かしなくても、水面下では何もかも変わっていく。それがポストモダンということです。ときたま〝お灸〟を据えるにせよ、自民党に〝お任せ〟していれば、大過なくこのまま続くんだろう……そんなふうに人々が思っていたということです。ところが、さっき言ったように、変化自体に「慣れ親しみ」を抱く例外期があります。七三年の第一次石油ショック後がそうでした。

七三年の第一次石油ショック――灯油のみならずトイレットペーパーまで買い占め騒動が起こった――と、その後の資源不況が、年一四パーセントの賃上げを続けてきた日本にとって大衝撃だったので、七八年の日本版マスキー法（自動車排出ガス規制）の際に「新しいゲームの先手を打てた」のでしょう。

福山 そう、石油ショックっていうのはすごく大きいインパクトでしたよね。それともう一つ、あの時代の経営者は戦後の復興期から立ち上げてきた経営者だから、ここはまずいと思ったときに決断できるだけの当事者能力があったと思います。

宮台 創業者《オリジネーター》と後継者《サクセサー》は違うという「オリジネーター・サクセサー問題」ですね。創業者はゼロを知っているから振り出しに戻って組み換えられるけど、後継者は創業者が「つくった」枠組を「与えられた」自明なものと捉えがちなぶん保守的だと。

例えば、ロータリークラブやライオンズクラブでレクチャーをする場合と、ＪＣ（日本青年会議所）でレクチャーをする場合に、三〇代後半が聚《あつ》まるＪＣのほうが開明的かと思いきや全く逆。遥かに開明的なのはロータリーとライオンズのご老人たちなんですね。「先生が言うこと、僕たちもよく分かるよ。僕たちは戦後、焼け跡から出発したんだよ。今までのやり方がダメだというんだったら、ゼロから始められるよ」ってね。

福山 だから、僕なんかは経団連に相当イヤがられているようです。献金もらってないし、ガンコだし、彼らは僕を説得する材料をあまり持っていない。だから困るんでしょうね。ただ、僕は元証券マンで、普通よりは経済活動や国際社会の動きを理解しながら話しているつもりなんですが（笑）。

宮台 よく分かります。そこは分断統治を展開するとよいでしょう。財界は一つではない、産業界は一つではないと。「二五パーセント削減問題に産業界は否定的」みたいな記事をマスコミが書くけど、それは鉄鋼と電力のようなオールド企業体の話。全体には当てはまりません。

あるいは同一の産業分野でも、「幹部企業に右へ倣え」的な同調圧力があるので一纏《ひとまと》まりに見えるだけで、個別の企業によっては十分に準備を整えてきているし、流れが止められないのなら、先んじて波に乗るほうが自分たちには得になるとおっしゃる企業がたくさんある。

福山 そのとおりなんです。やっとビジネスチャンスが来て、こんな技術があります、という経営者がどんどん出てきています。

宮台 実に素晴らしいことです。民主党政権誕生によってやっと物言える経営者たちが……。

福山 ビンのフタが開いて、みんな動き出したという感じです。

宮台 であれば、これからは簡単です。流れに節目《エポック》を画するべく、「どちらが」これからの日本経済を支える存在になり得るのかが、国民から見て分かりやすいメッセージになるような、お祭り的なイベントを、幾つか同時多発的に立ち上げてしまえばいいのです。

先にも触れたように、日本人の集合的な営みは、「イデオロギー」に固執するかわりに「自明性」に固執するだけなので、「自明性」――正確には皆が何を当たり前だと思っているかという想定――が変わってしまえば、新たな「自明性」に一挙に適応してしまうものなんですよ。

こうした自明性はジャン＝ジャック・ルソーのいう一般意志みたいなもので、個人の意志の集計でも多数意志でもなく、「皆の利益に関する、誰もがすでに乗っていると想定できるパラダイム」です。皆についての想定を書き換えるには、「説得」ではなく「祭り」が必要です。

福山 この間、経済同友会の代表幹事が、民主党の政策に賛同して協力したいって言われたわけですよ、表で。

宮台 そうですか。

福山 これを見ても、「産業界は批判的」という表現がいかに抽象的すぎるか分かります。

宮台 そうしたイベントが、もう幾分か積み重なれば、流れは変わります。新しい自明性が覆うようになります。そうなると、あれほど頑固に見えた人たちも〝「鬼畜米英！」が翌日から「アメリカさん、ありがとう！」〟みたいになります。昔から変わらない「特殊日本性」です。

福山 余談ですが、国際エネルギー機関のインナーの勉強会に呼ばれたんです。行ってみたら、有名な企業のトップが何人か来られていました。

宮台 面白すぎるじゃないですか、それ（笑）。それで、どうだったんですか。

福山　そこの事務局長と国際金融のメンバーが報告されて、二五パーセント削減のシナリオでこういう状況でこうなって、将来はこうですって説明されるんです。技術開発で。でもこれに関しては新たな経済成長の糧になりますし、日本のコストはこれだけかかりますが、将来的にはこれで回収できます。なおかつ排出量取引というのは世界で評価をされていて、これが次の手法だといわれていて、こういう準備がされていて、これをやればこれが減りますと。それから途上国に対する支援はこういう仕組みでやれば日本にとってプラスになりますと言って、実はこの間の鳩山イニシアティブとほとんど同義みたいなことを別の言葉で語られたんですよ。

私は、時代はこんなに変わったんだと実感しました。

そしたら、僕にコメントの機会が与えられたので、「いや、もうわが意を得たりです。まさに鳩山総理の言われたことは今の状況です。日本にとっていかにアドバンテージがあるかを今日説明していただいて、私はもうほんとにありがたかったです。ただし、私は多排出企業、鉄鋼とかセメントが国際競争力を失うようなことをする気は毛頭ありません。アメリカもEUもちゃんとお互いのルールの中でそのことをやり合ってます。そこに日本がコミットしないことのほうが危ないと思っていて」と。

宮台　うまいですね。

福山　「いかに日本の多排出企業を守るかという観点からも、国際的なルールづくりにコミットするべきだと思いますので、ぜひそのことに対して今後も知恵を貸してください」と言って退こうとしたんですけど、そうしたら、また例の質問です、「民主党が二五パーセントって言うけど、その内訳を明示してないのはけしからんじゃないかー」って言われたんです。反論したら生意気だと思われるかなと思いながら、いや、ここは言っとこうと思って、「全部のカードを出して国際交渉に臨むのですか」と。「吸収源やクレジットをどうするかを、今後の国際交渉の中でいかに日本に有利なように進めるか。全部明らかにしたら交渉にならないと私どもは思ってるんですけど」って。そうしたら出席されていた企業の方々も「一度ぜひ……」という雰囲気になっていました。

宮台　実に合理的ですね。経済の営みがどのみち「新しいゲーム」に変わるのであれば、「新しいゲーム」に早くから関わらなければ、単に「置いてけ堀」を食うだけですからね。愚か者は「置いてけ堀」に打ち捨てておけばいいのであって（笑）。

福山　そうですね、やはり企業家は機を見るに敏ですからね。

宮台　「皆さん、今はまだ土俵の外にいます、早く土俵に入りましょう」というメッセージですね。まあ、土俵がどこにあるのかが、先に申し上げた「自明性」を構成しているわけです。だったら「自明性」を変更するような「現前性 liveliness」を、「祭り」でもたらしましょうよ。

鳩山発言が世界で評価された理由

福山　なぜ、鳩山総理の国連での演説があれほど世界中から評価されたのか。それを知っていただくためには、面倒なようでも、自民党時代にさかのぼって説明したほうがよいと思うんです。

宮台　そうですね、よろしくお願いします。

福山　できるだけ、駆け足で済ませます（笑）。二〇二〇年までに、〇五年度比マイナス一五パーセントという麻生政権の中期目標が発表されたとき、国際社会には、まず失望感が拡がりました。また、僕は日本にとって三つの可能性を失うことになると主張しました。

まず、一つは、経済成長に対する日本のチャンスを徹底的に失う可能性です。なぜオバマ政権が一〇年間で一五兆円、一五〇〇億ドルを投資すると具体的な数字を入れてグリーンニューディールを宣言したか。これは、アメリカ政府はこの気候変動をめぐる経済競争に本気でコミットするという意思表示なわけです。そうすると企業は、いかに投資戦略や経営戦略を練り、技術革新をするかの勝負に入ることができる。政府が後押しをしてくれるという保証がなければ、これだけ不確定な経済状況の中で、巨額の投資はなかなかできないですよ。そこでオバマ大統領は一〇年間で一五〇〇億ドルを財政出動すると言ったわけです。政府として後ろ盾になるから、それぞれの企業は環境ビジネスに舵を切って、スタートしろというわけです。

宮台 明確なメッセージを出したというわけですね。

福山 ところが、前政権のような中途半端なメッセージだと何をしていいかも分からないし、規制をするのかどうかも分からない。先ほど宮台さんがおっしゃったように、七〇年代の日本の省エネ規制が、日本の自動車産業が世界を席巻する最初のスタートになったわけです。ガソリン乗用車から排出される窒素酸化物等の量を一〇分の一にするものでしたが、当時の自動車産業は結局やりきったんですよ。

宮台 そうですね。

福山 石油ショックのインパクトは大きかったにもかかわらず、それを乗り切る技術と商品を生み出すことになり、日本の車が世界中を席巻したわけです。今も、中途半端な中期目標を立てれば立てるほどおかしなことになる。例えば、自主行動計画みたいな自主規制だと、きちんと投資をして省エネをしたところは、「偉いですね」と褒められて終わり。そんなことやっていられないと、投資もしないで放ったらかしたところは「頑張りましょう」とハンコ押されて終わり。それでは、何の誘因《インセンティブ》も働かない。例えば排出量取引制度を導入して投資をして環境負荷を下げた分が、売れるようになるとします。投資をしないところは排出量が増えるわけですので、他から増えた分を買わなきゃいけなくなる。すると、そこは、よりコスト増になるわけですから、排出量を減らそうというインセンティブが働く。また投資をして技術革新ができれば、その減った分が排出量取引で売れるだけでなく、その技術が有効だということが世界に認知されるんですね。

宮台　当然、技術の輸出もできますよね。

福山　輸出もそうですし、国内でも、マーケットができるわけです。そういうメッセージを出さないと、企業としては、なかなか投資できないですよ。

宮台　そうですね。

福山　あの麻生政権時の中期目標はまさに中途半端な目標で、これだけエネルギー効率が良く、エコカーが評価されてる日本の技術が、二〇五〇年に向け将来的により拡がっていく可能性を閉ざしかねなかった。

　二つ目は、麻生総理（当時）が中期目標を発表した直後に、当時の日本の環境大臣が、中国の気候変動担当交渉官と二国間の会談をされました。そこで、日本の目標は削減量が少なすぎますよと言われているんですね。それは暗に、そんな目標ならポスト京都には中国は入る必要ありませんねと、という意味なんですね。つまりあの中期目標には、どうやって中国やインドやアメリカを巻き込むのかについての戦略が全くないし、中国が入ってくるための担保も何もないわけですよ。「私たちは温暖化対策をこれ以上やりません」と言っているようなものです。「これ以上やりませんけど、中国はたくさんCO_2を排出しているのですから入ってきてください。インドも入ってきてください。アメリカは、京都議定書を離脱したのだからやってくれますよね」と言って、誰が入るんですかという話ですよ。どう考えても、交渉としてはナンセンスでしょう。

宮台 相手側にポスト京都に入らない理由を与えてるようなものです。

福山 だから、さっきの他者性の話とも関連してくるんですね。

宮台 まさにそうですね。

福山 国際交渉において、これだけ技術力のある日本のイニシアティブ、ポスト京都の枠組をつくる際の、本当に大きなチャンスを失っているかもしれないんですね。今回、鳩山総理が主張した全員参加というのは、アメリカと中国だけで世界の四割の二酸化炭素を出しているのに、その二カ国が入らなければポスト京都の枠組なんて全く意味がないんです。全員参加の枠組ができれば、世界中どの国でも減らす努力をすれば価値になるわけです。価値になるということは、そこに対して日本の技術を売り込んだり、エコシティのような、省エネのインフラ整備のパッケージを丸ごとOSとして出していくことによって、世界に出ていけるチャンスが拡がります。そのためのルールづくりに、いかにコミットするか、国際交渉上すごく重要になるわけです。

宮台 そこは、いろいろな可能性があり得ますよね。

福山　三つ目は、何が問題かというと、さっきから出ている試算の家計負担三六万円増という話ですね。これは、国民に対していろいろな誤解を与えています。さっきも言ったように、投資をしてエネルギー効率が良くなれば、基本的には将来のエネルギーコストが下がります。それから太陽光パネルや電気自動車・ハイブリッドカーが拡がれば、新たなマーケットができ、技術開発も進みます。そのことによる経済成長や将来的な技術の可能性みたいなものが、あの試算には全く要素として含まれていない。それで、負担だけを誇張しているんですね。それでは、日本の将来の展望、未来のライフスタイルの変化の芽を全く摘んでしまうことになる。

宮台　あれは、本当にひどい試算でした。

福山　さらに大きな問題は、温暖化対策を取らないことによって異常気象や農作物の被害が生じるかもしれないということを国民に伝えていないということです。今年も、ゲリラ豪雨や台風被害があちらこちらで起こっています。それが気候変動と直接の因果関係があるのかは科学的にまだ完全に解明できていません。ですが、世界中で気候変動が原因とされるような異常気象が発生していることも事実です。ＩＰＣＣ（気候変動に関する政府間パネル：Intergovernmental Panel on Climate Change）も含めて、あとは政治の決断だということをずっと言い続けてるわけですね。ＥＵでは、イギリスが世界銀行のエコノミストであるニコラス・スターン卿に、〇六年にスターン報告というのを出させます。これは、温暖化対策を取らなければ、将来的には地球上のGDPの五パーセントから二〇パーセントの被害が出るというものです。しかし、同時にそれを回避するための対策のコストはGDPのほんの一パーセントで済むというわけです。つまり、EUは、気候変動に伴う被害によるコストのほうが大きいという前提の中で、対応しようとしている。そしてアメリカもそこにある程度、オバマ政権は乗ってきたわけです。これから先、どうグローバルルールをつくるのか、生態系の破壊をいかに最小限にくい止めるのかということに対して、日本がコミットしない手はないわけです。それなのに、麻生政権下での中期目標は何のメッセージも国民には伝わらない。負担だけを誇張することで、温暖化対策をすることが経済にも生活にも悪だというような印象操作をした。簡単に言うと、やらないための理由付けを彼らはしたということなんですね。

〇九年七月のラクイラ・サミットで、アメリカを含むG8の国々は、二〇五〇年までに八〇パーセントの削減をするということを正式に表明したんです。八〇パーセントCO_2を削減した世界というのは、ライフスタイルが劇的に変わらないとあり得ない。しかし、そのことをマスコミは全然伝えない。そのための準備を、早くすればするほど、世界に対してモデルを提示できて、グローバルルールをつくるメンバーとしてコミットできる。そういう前提で、国連気候変動サミットにおける鳩山総理の二五パーセントの削減というメッセージがあるわけです。

宮台　ありがとうございました。これで、どうして鳩山さんのあの演説が日本以外ではあんなに評価されたのか、読者の皆さんにも分かっていただけたと思います。

二五パーセントの内訳は？

福山　二五パーセントの内訳が分からない、という話ですが、実は「二五パーセントの内訳が分からないからけしからん」という批判は、国内からしか聞こえてきません。鳩山総理の、国連気候変動サミットの演説のあと、私は様々な国の大使、気候変動担当交渉官と懇談をしていますが、「日本はコミットしてくれてありがとう。これで国際交渉上一つの変化が起きそうだ」と言って感謝され、評価をいただくことはあっても、「二五パーセントの内訳はいったい何なのか、今明らかにしてくれ」と各国の代表からも報道関係者からも、一回も言われたことはありません。それはなぜかというと、その幅をどこまで取るかが、まさにこれからの国際交渉の問題であり、それはこれから先一年二年かけて決めていくものだということを、分かっているからなんです。各国とも、ようやく日本も、この気候変動問題の交渉のゲームに主要な行為主《アクタ》体として参戦をしてきたなという理解なわけです。だから外務省の気候変動課のメンバーも、「やっと日本に交渉ポジションができた。こんなかたちで交渉に入れることは非常にやり甲斐《がい》がある」と言ってくれています。これが、気候変動の交渉に対する、我々の思いなんです。

我々は、決して多排出企業の国際競争力を減退させて、日本の有力な企業にマイナスになるような政策を取ろうとしているわけではないし、その他の排出企業にも配慮しないと言ってるわけでもありません。日本の鉄鋼業界は、世界一のエネルギー効率を有しているといわれています。僕もそれを誇らしいことだと思っています。しかしそれはあくまでも平均値です。日本のそれぞれの工場を見たら、当然ながらでこぼこがあるわけです。まだ排出削減の余地、エネルギー効率を上げる余地は残されているわけです。

一方で中国は、エネルギー原単位（製品の単位生産量や単位生産額に対して必要なエネルギー量。生産効率を表す指標となる）を二〇二〇年までに〇五年比で大幅に下げるといって、今、国を挙げてエネルギー効率の悪い工場を潰し、効率のいい工場をどんどん建てているわけです。中国のエネルギー効率の一番いい工場と、日本の平均的な工場を比べると、エネルギー効率だけで言えば、中国のほうがいいというような現状があります。しかも、中国には、エネルギー効率の悪い工場がまだまだありますから、その意味で言えば、これからも削減余地は多くあるわけです。中国は、そういう状況にあるということを理解しなくてはいけない。

我々は、エネルギー効率を良くする投資をしてこなかったところに対しては、やはり、努力をしてもらわなければいけません、と、言わざるを得ません。しかし努力をしたところは報われるように、例えば排出量取引制度を入れることによって、努力したところはちゃんとそれが売れて、利益につながるようなかたちをつくっていきたい。要は温暖化対策のための投資がちゃんと回収できるようなかたちをつくっていきたいというふうに言っているわけです。

気象戦争二つのリスク

福山　実は今、二つのリスクがあると思っています。一つは、EUで二〇〇五年にスタートした排出量取引制度です。これは第一フェーズ、第二フェーズ、第三フェーズ、とあって、今第二フェーズです。ところが、実は、第三フェーズのルールづくりでは、アメリカで今議論されている排出量取引制度と非常に似通ったルールになりつつある。つまり、EUもアメリカも同じようなところに落ち着きつつあるわけです。アメリカでは今、下院を通ったワックスマン・マーキー法に排出量取引制度の仕組みが書かれています。このルールとEU－ETS（EU域内排出量取引制度）のルールが非常に似てきている。特に、エネルギー費用の割合や貿易集約度等を基に、どんな企業に配慮すべきかということについて、ほとんど共通のルールになりつつあります。

ということは、例えば日本がその共通のルールにのっとっていなければどういうことになるか。あのBIS規制（銀行の自己資本比率規制）を思い出してください。今、国境関税のような炭素税の議論が出ています。

宮台　環境専門家は「ゲートウェイストラテジー」と呼びますが、要するに、国内の「炭素税」になぞらえて言えば、多国間の国際貿易における「炭素関税」ですよね。要は、ルールに従わない者を、市場の門（ゲート）から中には入れさせませんよ、と。

福山 そういうことです。

宮台 僕はこういう言い方をします。「炭素税をかけるなら、工場を国外移転するぞ」「どうぞどうぞ。どこに工場を置いたって、製造過程の炭素に課税することが、いずれは合意されるんだよ。炭素関税を招き寄せて、吠《ほ》え面をかいてから、後悔したって遅いぜ」とね。

福山 つまり、同じルールでやってないのだったら、自国に入れるときに炭素関税をかけましょうということです。WTOルールとの整合性も含めて大いに議論の余地があるかもしれません。

しかし、こういう議論が実際に出ている中で、グローバルなルールづくりに日本がいかに早くからコミットするかということが、僕は最大の国益だというふうに思っています。今、排出量取引制度は、EUはもうスタートしていますし、アメリカだけではなくて、ニュージーランド、カナダ、オーストラリアでももう準備に入ってるわけです。日本も早急に準備に入らないといけないというのが我々の認識なんですね。

宮台 スタートが遅れればそれだけ対応が遅れるのは当然ですよね。

福山 もう一つ言うと、例えば吸収源、これは日本では森林が二酸化炭素を吸うから、どのぐらいカウントしようかという話になるわけですが、これについては、今、アメリカでは、自国の広大な農地も吸収源に入れろという議論を始めているわけです。つまり、吸収源の解釈をめぐるルールづくりを再び始めようとしているわけです。

宮台　そうですね。当然、各国とも自国に少しでも得になるようなルールにしたい。そのルールづくりの政治過程がすでに始まっているというのに、日本はそれに参加できていないで、土俵の外でキイキイ騒いでいるような状態です。各国にすれば「馬鹿は死ぬまでやってろ」（笑）。

福山　冷徹な国際ルールづくりの競争に、もう入ってるわけですね。だからこそ、鳩山総理の演説では、全員参加を前提に我々は約束を達成するということを言い、二五パーセントの内訳については明示をせず、途上国支援でただお金を出すだけではなく、いかにその技術を民間の資金とも融合させて世界のマーケットに拡げるかということ、透明性を高めることも含めて、新たなメカニズムをつくるために鳩山イニシアティブということを提唱したわけです。このような状況にあるにもかかわらず、先ほどから何度も出ている不可解な試算を前提に「日本はこれ以上やらない」という殻に閉じこもったまま、ルールづくりにコミットしないで、どうやって気候変動問題に対応しようとしているのか、全く分からなかったのが、これまでの政権だということです。

宮台　それこそ、まさに「他者性の欠如」ですよ。従来の自民党と財界幹部とマスコミ。その

「クズ同然ぶり」がよく分かる話ですね。

福山 ちょうどこの本が出版されるころに、COP15があるわけですけど、我々としては、中国もアメリカも入った大きな枠組を作るというのが至上命題です。さらには詳細なルールづくりについてイニシアティブをとっていきたいという思いでいるというのが、今の立ち位置です。

宮台 読者にも、そのことは、よく分かっていただけたと思います。

福山 まさに外交そのものでしょ。

宮台 ですよね。

新しい経済に取り残されるな

宮台 先ほど前政権下で「インチキ・シミュレーション」の話になりました。「他の条件が全て今のままずっと変わらなければ、コレをするのは損か得か」という低レベルすぎる話。マスコミの頭の悪さもあるけど、日本人が陥りがちな「作為の契機の不在」の表れでもあります。

実際には他の条件は変わります。とりわけ他のプレイヤーの行動によって変わります。だから、他のプレイヤーに対して働きかける我々のコミットメントによっても変わります。「他の条件が変わらなければ、コレは損か得か」という試算は誤解を招くだけのナンセンスです。

加えて重要なのはコミュニタリアンのいう「共同体の未来（子孫）へのコミットメント」。

国民の間に、地球環境問題で選択を誤ると、地球規模であれ日本規模であれ、子々孫々の繁栄に取り返しのつかないダメージを与えるのだという直感が共有されているのだと思います。

地球規模であれば、宮崎駿《みやざきはやお》の『風の谷のナウシカ』のように人類が滅びに瀕《ひん》してしまうという話ですし、日本規模であれば、「新しい経済ゲーム」に日本だけが取り残されて三等国になり下がってしまうという話です。どちらも否定性が顕著化するのは、子々孫々の時代です。

共同体というとき、同時代の「我々」だけを指すのか、子々孫々まで含めて「我々」なのかは、行動指針に重大な違いを与えます。「我々」を守るというとき、同時代人を指すのか、子々孫々まで含めた悠久の流れを指すのかで、人の想像力の働き方が全く違ってくるのです。

日本にはもともと祖霊崇拝の強い伝統があります。ただし中国や琉球と違って血縁主義とは無縁です。祖光として祭られるイエの系譜には、「一緒に暮らし続ける」という事実性によって家族同然というよりむしろ家族そのものになったメンバーが含まれるのが普通でした。

柳田國男《やなぎたくにお》的に言えば「血筋よりも家筋にこだわる」というかたちで「共同体の未来へのコミットメント」ないし「時間的コミットメント」が表現されてきたはずです。幾つかのスイッチボタンを適切な順番で押すことで「時間的コミットメント」を思い出させる必要があります。

これは決して難しくないだろうと思います。一九九〇年ごろから始まったノスタルジーブームも追い風に使えます。一九九七年ごろから顕在化した若者たちのジモティブーム（地元ブーム）もあります。バイパス沿線的風景より地元商店的風景にこだわる流れにもつながりつつある。

先に炭素税と炭素関税の話をしました。炭素税は民主党がマニフェストに記す温暖化対策税です。炭素税をかけるなら工場を国外に移転するぞという構えが長期的に無意味だと言いましたが、死期が遠くない年長世代が短期的に「逃げ切り」を図るのはそれなりに合理的です。

僕たちは、財界幹部であれ誰であれ、そうしたエゴセントリックな存在を徹底的に侮蔑《ぶべつ》するコミュニケーションを開始する必要があります。そうした連中が「尊厳を剝奪《はくだつ》されたくないから『逃げ切り』戦略を言うのはやめよう」と思うようにリソースの配置を変えるのです。

福山 ほんと、そう思います。

宮台 だったら、民主党にはそうしたメディア・キャンペーンに乗り出していただく必要があります。学校教育や家庭教育を含めた広い意味での教育も重要です。「他者性の欠如」や「子々孫々を軽んじること」を徹底的に恥ずかしく思うように「内なる光」を灯《とも》すのです。

恥の文化を利用せよ

宮台 日本人には、イデオロギッシュな拘泥がなく、皆がこう思ってるんじゃないかという「自明性」に支配されるという事実を、最初に明示したのは、日米開戦からほどなく始まる米政府の日本研究プロジェクトを指揮した文化人類学者ルース・ベネディクトの、『菊と刀』でした。

日本人は狂信的《ファナティック》な天皇主義者だと思っていたが、捕虜を捕まえて飯を食わせて風呂に入れたところがその日から極秘情報をペラペラしゃべり始める。これはどういうことだというのが研究の出発点でした。結論は「日本には罪の文化がなく、恥の文化があるのだ」という話です。

この結論は占領政策の策定に大きな影響を与えたといわれます。簡単に言えば「恥の文化を利用せよ」という指針です。固執の自明性から変化の自明性へと、慣れ親しみを変えればよい。天皇陛下も、固執することではなく変化することを推奨しておられる、というわけです。

占領軍と同様に民主党もルース・ベネディクトの研究から最大限に学び、利用するべきです。実際、占領軍は、誰もがあれほど変わらないだろうと思っていた日本ならびに日本人を、あくまで表から見える行動についてだけとはいえ、一挙に変えることに成功したのですから。

敗戦後の日本ならびに日本人の豹変《ひょうへん》を知る僕らは、こうした変化の可能性について楽天的であって構わないだろうと思います。ただし、「自明性」の変更によって表から見える行動が豹変するという「日本人の癖」が、長期的にそのままでいいのかどうかは、別の問題です。

第七章 日本の未来

空気の研究

宮台　例えば、大東亜戦争、とりわけ十五年戦争が始まる前、満州事変が始まる前までは、亜細亜主義者を中心に開明的なことを考える人々が活動していましたが、十五年戦争の過程で日本人の思考や表現が一挙に硬直化していきます。「自明性」が――「空気」が――変わったんです。

敗戦後の解放化の速度も著しかったけれども、十五年戦争期の思考硬直化の速度、古くは明治二〇年期の思考硬直化の速度にも、それこそ著しいものがあります。やはり警戒すべきです。民主党政権が一〇年続くなどということは、それはそれで、とても怖いことなのですよ。

福山　そうかもしれませんね。

宮台　「日本人の癖」を変えるには長い時間が必要です。だからそれを構想するのは今は非現実的です。むしろ「日本人の癖」を前提にして、それが行動上の悪弊に結びつかないようにすることが大切です。随時「自明性」を変え、思考停止に陥らないようにするのです。

そのためには、政権交代が持つ威力が、やはり絶大だと感じます。その威力を、僕らはすでに日々見ているわけです。あの経団連の御手洗《みたらい》会長でさえ「民主党政権の言うことは間違っている」っていうコメントはもうしていませんからね。

福山　してないですね。

宮台　まあ、キヤノンの会長で、鉄鋼や電力から出自していないのもありますが。

福山　いや、でも一気に変わられましたね。

宮台　変わりましたよ。でも、政権交代とはこういうことだと思っていたとおりのことが、まさに起こっていますね。「自明性」が――「空気」が――本当に一変しました。

福山　先ほども言いましたが、産業界は反対をしているという表現をマスコミがしていること自体も、実はミスリードなんですね。産業界はもっと多様で、決して一枚岩ではありません。

宮台　そうですね。マスコミは、想像力だけでなく表現力も硬直している（笑）。

福山　温暖化対策を含め、今が日本の国際競争力を確保する、最大のチャンスだと思っている企業はたくさんあります。特に中小企業でも技術力のあるところは、これを突破口にと思っているところがいっぱいあるわけですが、今まではなかなか表で言えなかった。それが蓋が開いたというか、タブーがなくなり、これでようやくやれるようになった、という空気はあちこちから感じます。

宮台　山本七平の『「空気」の研究』を紹介しましたね。彼は極東国際軍事裁判を例に取りました。のちにA級戦犯として裁かれる人々は東条英機《とうじょうひでき》を含めて誰一人「私は確信を持ってそれをやりました」とは言わない。そう言う可能性のあった大川周明《おおかわしゅうめい》は途中で外されました。

かわりにこう言う。「自分としての自分は内心忸怩《じくじ》たるものがあったが空気に抗えなかった」と。これは興味深いということで、山本は「空気の支配」と名付けたわけです。空気がどうつくられ、どう変わるのかについて、彼が「現前性」を持ち出したことは説明しましたよね。

現象学でいうフェノメナ phenomena とは関係ない。「生々しさ」のことで、英語で言えば liveliness だと言いました。その意味でオバマ大統領誕生は実に lively。そのオバマがグリーンニューディールを主張した。これも実に lively。プラハでの核廃絶演説。これまた実に lively。

良くも悪くも「理念の正しさ」にではなく「生々しさ」に摸倣的感染《ミメーシス》を起こして、「空気」が一変してしまうのが日本人。かつ日本国内では政権交代が起こった。仮説的にはこれで「空気」が変わらないはずがない。その意味で今こそ千載一遇のチャンスです。

福山　宮台さんが言われた話で言えば、やっぱり国連気候変動サミットでの鳩山総理の英語での演説が、国際社会から拍手で迎えられた。これはもう、まさに現前性ですよね。

宮台　ほんとにそうですね。

福山　空気が変わる。自分たちが今までちょっとネガティブに思っていたものが、世界から見ると違うんだという、ある種の認知、自覚、自画像が変わった瞬間だったと思う。

良い日本製品が国際競争で負ける理由

宮台　鳩山首相が国連演説での「二五パーセント削減公約」で拍手喝采を受けたことが日本での「空気」を一変させたことについては、山本七平の仮説を超えたもう一つの要因があります。僕がマーケットリサーチの会社で取締役をしていたころのエピソードを紹介します。

　主として自動車会社からコンサルティング業務を請け負っていたわけですが、しばしば思ったことは、この程度のスペックであれば、社外に発注しなくても社内でレポートが書けるんじゃないかということです。僕も若くて経験がないから、それを尋ねるわけですよ。

　答えはいつも同じでした。「いやいや、宮台さん。内容が同じでも、外から言ってもらわないと、組織というものは変われないんですよ」と。「内部から言うと、ポジション争いやら権益争いやらで、痛くもない腹を探られて、梯子を外されてしまうんですよ」と言うんですね。

　この要因は日本に固有ではありません。この要因は、世界中の社会創造物語――世界創造物語ではなく――が貴種流離譚《きしゅりゅうりたん》を代表とする英雄譚《えいゆうたん》のかたちを取ることに関係します。ちなみに、世界創造物語のほうは英雄譚ではなく創造譚《ジェネシス》――神が世界を創《つく》った――のかたちをとるのが普通です。

　日本の英雄譚を研究したのが折口信夫。客人《まれびと》論として知られます。古くからどこにでも、社会を創った――一回的立法を成し遂げた――存在についての英雄譚があります。外からやって来て、カオスを現出した後、殺されたり立ち去ったりすると、あとには枠組が残ったという。

福山　言われてみれば、確かにそうですよね。

宮台　ポイントは、「外からやって来た」という空間性と、「カオスをもたらした」という時間性にあります。つまり「日常的枠組の中で、この社会の中の誰かが創った」という了解を慎重に回避しているのです。理由は、「帰属処理による相対化」を回避するためです。

「訳の分からない非常事態において、訳の分からない奴が持ち込んだ」という話にしておけば、日常的枠組の中に存在する数多《あまた》ある特殊利害のどれかに都合よく社会が創られた、というように、社会の全体性を脱臼《だっきゅう》させるような了解を防遏《ぼうあつ》できるというわけでね。

その意味で、僕が東大助手時代に佐藤誠三郎と村上泰亮《むらかみやすすけ》両教授から言われたことが印象深い。「宮台君、国内であれこれロビイングやるのは無駄だよ。米国にコネクションをつくって、米国から物を言わせれば、一〇年かけて変わらなかったものが一日で変わるよ」ってね。

このロジックは今でも有効だと思います。鳩山さんが国連の「祭り」で英語演説して満場の喝采を獲得できたことで、「外から」要件と「カオス」要件が満たされたんです。「サヨがなに言ってんだ」みたいな「帰属処理による相対化」を回避することができたんですね。

福山　あともう一つは、具体的にどうやって実現するのかという議論がよく出ますよね。これは前の試算を全部ご破算にして、新たなモデルをつくり、二〇五〇年までのロードマップを示して、国民に理解と協力を得る作業を今やっています。例えば、ドイツは太陽光をはじめとする再生可能エネルギーの固定価格買取制度を拡充したんですよ。

宮台 そうですね。

福山 これは、太陽光など再生可能エネルギーで各家庭がつくった電気を全部買ってくれるという話だったわけです。一方で日本は同じ〇五年に太陽光発電システム（ソーラーシステム）の設置に対する補助金をやめたんです。

宮台 象徴的ですよね（笑）。

福山 全く逆行している。ドイツは、あっという間にマーケットを席巻して、わずか二年で世界のトップシェアになるわけです。日本のシャープ、京セラ、三洋というリーディングカンパニーは、シェアを落とすわけですね。なおかつ中国の新たな企業が、〇七年にはあっという間に世界シェアのナンバー2に躍り出ているわけです。

宮台 全く「わざと負けた」としか思えないほどの愚昧さです。

福山 政策を間違うと、いくら良い製品をつくっていても、日本が国際競争で負けるという典型的な例なわけですね。

ドイツは、固定価格買取制度に加えて、断熱を含めた住宅の省エネ化というのを今やっています。ドイツってラベリングが好きなようで、省エネ工事をした家や建物には、ちゃんとこの程度のエネルギー消費のマイナスを実現しました、というラベルがつけられます。そこには国の補助金もあるわけです。そうすると、マーケットの拡大にともなって断熱の技術が進む。家のリフォームですので、工務店も含めて、地域の経済が活性化する。さらにはラベリングをすることによって、うちは省エネに対して、しっかり貢献をしたよということが町の中で認知される。

宮台 名誉と尊厳が与えられるわけですね。

福山 はい。そして技術の普及は自動的に国外へ出ていく可能性がある。ドイツはメルケル首相の下で、太陽光パネルも省エネ住宅も含めたライフスタイルの転換のモデルを世界中に売り出そうとしているわけです。

僕は去年、ドイツ政府の招待で環境政策の視察に行ったときに、ドイツ政府の関係者に「あなたたちはいったい二〇二〇年に、ガソリン車、ハイブリッド車、電気自動車、バイオディーゼル車、何の車が走ってることをイメージして政策を打ってるんだ」とダイレクトに聞いたんですよ。そしたら政府関係者はこう即答しました。「それは分からない。何の車が走っているかについては、マーケットが決めることだ。性能が良くて、いかに省エネで地球温暖化対策に貢献をし、そしてなおかつ、いかに安く、もちろんデザインが優れているか。総合的にマーケットが選ぶ」と。つまりドイツはマーケットが選んだものでいいと言うわけです。さらに、

「どれがマーケットに勝つか分からないから、どの車の研究開発についてもドイツ政府は徹底的にサポートする」と言ったわけですよ。非常に明快です。技術開発についてはサポートするけど、あとはマーケットが選べということです。国内マーケットで勝ち残った車は世界のマーケットでも勝てるという、先ほどの太陽光パネルと同じ論理が働いているわけですね。

宮台 その点、欧米で完全に一般化している農家の戸別所得補償制度と、同じロジックですね。基準を満たす「農家らしい農家」には一定の所得支持を行うから、そこから先は自由市場で競争してくれと。だから戸別所得補償と農産物輸入自由化とが、必ずセットになるわけです。

福山 では、このことを日本に当てはめると、どういうことになるのか。例えば三〇〇〇万円の家を三〇年ローンで建てると。今一軒あたり平均するとだいたい三キロワットという家庭用の太陽光パネルは工事費なども含めて、二五〇万円前後なんですね。三〇〇〇万円に二五〇万円を足しても、せっかく発電した電力を買ってくれるかどうか分からない状況では普通はあえて付けようとは思わないですよ。でも、ドイツのように固定価格買取制度にして、さらには補助金もあるといえば、一〇年もかからずに太陽光パネル分が回収できて、将来的にはできた電気は買ってもらえ、収入になると思えば、三〇〇〇万に二五〇万を乗せても、三〇年ローンを組めば一月あたりの負担はそれほど大したことにならない。それが将来回収できるんだったら、みんな付け出すかもしれないわけです。

宮台　有効なインセンティブ・メカニズムですね。いかにもドイツ人が設計しそうだ（笑）。

福山　そうすれば、あっという間にマーケットが拡がり、例えば地域の工務店の仕事にもなり、地域の経済も潤うわけです。そのうえ、太陽光の技術開発は圧倒的に進む。さらに蓄電池などが家に設置されるような状況になれば、電気自動車の電気も、家中の電気も、全部まかなえるようになるかもしれないですよね。

何がいけない？　気候変動対策

福山　スマートグリッドってありますよね。これには、広義と狭義があります。広義では、スマートグリッドというのは、電気系統の最先端の技術でいかに電気をうまく配分するかということで、これは国土が広いアメリカでは非常に重要なんです。昔の情報ハイウェイと一緒で、いかにエネルギーを効率的に回すかということをアメリカはやろうとしているわけです。狭義のスマートグリッドは、例えばどこの家やビルでも、電気を使ってるところと使ってないところがある。そこで電力の消費をスマートメーターなどコンピュータで制御することによって、瞬間瞬間の電気の消費量を最小限にするような仕組みをつくるわけです。そうすると燃料電池があって、太陽光パネルがあって、そしてスマートメーターがセットされた家は、電気の使用料は最小限化されて、なおかつ自分の電気自動車にも電気を供給できるような状況になり、全体の電気の消費量が、制御できるわけです。そのうえ、その投資が、将来的に回収できるんだと思えば、三〇年ローンの中に組み入れてもやるということになる。その瞬間に、圧倒的にマーケットが拡がって、今二五〇万だと言った太陽光パネルは、すぐにもっと安くなります。そうすると余計投資が進むわけです。

宮台　インターネットのパケット通信技術と似たものが使われるのですね。僕が福山さんにEメールを送信するとして、デジタル変換されたパケットたちがどこをどのように経由して福山さんの端末にまで到達するのかは事前に決まっておらず、全体として最適化されます。単に風力発電が導入されるという話じゃなく、分散型アーキテクチャを前提として、あらゆる小規模発電装置をネットワークして有効利用するほどコストが下がるので、再生可能エネルギー利用に向けた強力なインセンティブになります。当然日本の電力各社は反対しますね。

それこそ特殊権益。電力各社が特殊権益にすがるのは当然だから責められません。責められるべきは、ひたすら「自明性」「慣れ親しみ」の下で特殊権益を擁護してきた自民党政治です。実際には「自明性」をはぎ取ると、国民一人一人の真の利益が見えてきます。

旧東ドイツの経済復興を可能にしたもの

福山　僕はどうやって旧東ドイツが経済復興したかに以前から興味があったので、ドイツに行ったときに見てきたんですね。経済的に疲弊をしていた旧東ドイツが何で生き返ってるかというと、太陽光パネルの会社と菜の花のバイオディーゼルで生き返っているわけです。町中に太陽光パネルを張りめぐらした家と工場があり、菜の花畑が拡がっていました。僕はちょうど菜の花のシーズンに行ったので、町中が黄色で綺麗《きれい》なんです。そして、太陽光パネルを張り詰めた家がいっぱいあるわけです。その町の中で自己完結できるようなコンパクトシティをつくれば、それはそのままある種のOSとして輸出できるわけです。今は二五〇万かかっている日本の太陽光パネルも、安くなればもっと普及しますよ。そうしたら、電気自動車だって、あっという間に普及するかもしれません。

宮台　太陽光パネルで発電し、電気自動車のバッテリーに蓄電し、自動車で使わなかった残りを家電製品に配電し、それでも余れば電力会社に買い取らせて送電すると。電力会社が上流から下流まで丸抱えする発電・送電・配電を、早急に分離していただく必要があります。

福山　慶應義塾大学の清水浩教授が言われていることですが、例えばレコードプレーヤーからCDプレーヤーに替わるのには、七年しかかかってないんです。フィルムカメラからデジタルカメラに替わるのに、だいたい五年、固定電話から携帯電話に替わるのも、だいたい六年なんですね。

宮台　なるほど。面白いですね。

福山　二〇二〇年までに、まだ一〇年以上もあるんです。マーケットがどんどん変わっていけば、あっという間に、ライフスタイルが変わる可能性があるわけです。二〇五〇年までの削減プロセスの中で、世界中で早くライフスタイル転換のモデルづくりをするという競争が始まっているんです。我々は、日本の技術力から考えれば、この競争は日本にとって実はすごくアドバンテージがあるのではないかという議論をしているわけです。そうするといろいろイメージできるはずなんですね。日本の国民や企業は、たいへん資質が高いと僕は思っており、その可能性をすごく信じている。そう考えれば、気候変動対策の何がネガティブなの？　という話になると思うんです。

情報封鎖

宮台　「いろいろイメージができる」とおっしゃった。でもイメージを持てなくする仕組《アーキテクチャ》みがあるんじゃないですか。こうした電力エネルギーに関する各国の取り組みを、NHKなど一部を例外として、マスコミがちゃんと報じてこなかったじゃありませんか。

例えば、アムステルダムが最初の取り組みでしたが、欧州の一部都市が、都心部に広大な自動車進入禁止区域をつくり、自転車専用道を整備し、折り畳みでない自転車を電車やバスに積み込めるようにし……といった政策を、どうして日本の新聞やテレビは報じないのでしょうか。

理由は簡単です。自動車会社が大口スポンサーだからです（笑）。なんともショボい理由じゃありませんか。本来ならば、マスコミが報じようが報じまいが、必要かつ合理的だと評価されれば、過密都市に自転車優先政策をどんどん取り入れていくのが、政治家の役割です。

でも、従来の日本の政治家に、そうした理念的な取り組みを期待するのは無理というもの。先ほどから話題にしてきたように、政治家は票にならないことはせず、日本の有権者は有効な理念に肯定的に反応するかわりに、「慣れ親しみ」を破るものに否定的に反応するからです。

こうした「慣れ親しみ」ないし「自明性」を破る情報は、日本の場合、マスコミを含めたメディアからしか到来しません。しかし、先ほどからあえて「馬鹿マスコミ」と呼んできたように、日本のマスコミは「慣れ親しみ」に媚びるだけで、少しも責務を果たしていません。

電力もそうです。日本でも九〇年代末に、行財政推進勢力が経産省主流派だったとき、電力会社を発電・送電・配電にバラし、各領域に競争市場をつくり出すという構想が描かれましたが、米国のエンロン騒動がきっかけで、先進国で当たり前の仕組みが葬られてしまったわけです。

当然ながら、民放連や新聞協会に属するような「記者クラブのメンバー」は、与党政治家や霞が関官僚のケツをなめるしか能がないだけでなく、自動車会社と同様、大口スポンサーである電力各社のケツをなめるしか能がありません。これでは国民に必要な情報が伝わらない。

電力一〇社は地域の独占企業体なのに、なぜ広告しているのか。乱暴に聞こえるかもしれませんが、簡単に言うと、電力各社にとって都合が悪い情報を、マスコミ側の自主規制を動機づけることで、効果的にブロックするためです。

こうしたことはどの先進国でも起こるので驚くに足りませんが、こうしたマスコミ側のバイアスを批判的に見抜くメディアリテラシーが市民側に育っておらず、市民メディアの発達も極めて未熟です。これも放っておいたら育たないので、教育を通じた梃《てこ》入れが必要です。

民主党の有力な支持母体に電力総連（旧電力労連）が含まれますが、支持母体の特殊権益によって重要政策が左右されるようでは、自民党政治と変わらなくなります。「新しいゲーム」に適応しないと国全体が沈むのだと、理念的に説得していただく以外にありません。

これについてもローマ帝国の分断統治戦略を効果的に使うべきです。産業界の利益は各業界共通じゃない。「太陽光発電し、電気自動車に蓄電し、家電製品に配電し、余りを電力会社に送電してお金をもらう」という図式は、自動車会社にとって大きなビジネスチャンスです。

福山　実は電気を効率的に配分するシステムっていうのは、すでに家庭で実現できているんですよね。

宮台　そうした情報も、実はずっと遮断されてきている。例えば三菱自動車が日本で初のオール電気自動車を出しましたけど、三菱自動車にとっては、ほんとはこういう情報が国民に普及するのは好都合なはずです。

福山　電力会社も、今はＲＰＳ法（電気事業者による新エネルギー等の利用に関する特別措置法）があって、国が決めた一定量の再生可能エネルギーを買わなきゃいけないんですよ。これは電力会社にとってコストなんです。コストだから、再生可能エネルギーをいっぱい買えと言われると、電力会社は拒否するしかない。だから低い値段で買ったりしているんですが、そんなのは全くナンセンスなんです。例えば電力料金に固定価格買取制度の分を付加するという状況になり、ＲＰＳ法をなくすと電力会社のコストは減るわけですよ。

宮台　そうですよね。

福山　そうすると、今度は、「国民に負担をかけるのか、増税と一緒だ」という、お約束のネガティブ・キャンペーンが起こることが予想されるんですが、ドイツの固定価格買取制度の場合、一月あたり、だいたい平均八〇〇〇円から一万円の電力料金に対して、各家庭が負担している固定価格買取制度の上乗せ分というのは三〇〇〇円から四〇〇〇円なわけです。将来のライフスタイルが変化するためにこの分だけ国民の皆さんに我慢してくださいと、なぜ政治が説明できないのかという問題に変わるわけです。

宮台　そうですね。

福山　ところが、実は円高差益で電力料金は今年前半には各家庭の平均で約一〇〇〇円下がっているんですよ。あまり電気料金の明細をご覧にならない方はご存じないかもしれませんが、家の電力料金が下がっているということは、今が導入の最大のチャンスなわけですよ。金持ちしか買えない太陽光パネルのために低所得者から金を取るのかという議論が次に出てくるかもしれませんが、解決策は簡単で、低所得者の方は残念ながらやっぱり平均すると、毎月の電力消費量も少ないわけです。だからある一定の電力消費量以下の人には固定価格買取制度の電気料金の負担をかけないと決めれば、そこで低所得者対策もできるんですね。

宮台　なるほど。

福山　それで、例のエネルギー特別会計のお金が余っていますから、十分に対応できる。あくまでも政策のオプションですが。全体として見れば、そういったかたちの固定価格買取制度を入れることによって再生可能エネルギーの市場が大きくなるわけです。日本の地域経済や、いろんな新しい技術の可能性っていうものが際限なく拡がる。派生的な話で言えば、宮台さんも言われたように、それによって燃料電池の技術も拡がるし、エコカーの技術も拡がるし、スマートグリッドの技術も可能性として出てくる。

宮台　そうですね。いろんな可能性の拡がりを考えると、本当に楽しく幸せになってきますね。政治家なるものは、いろんな可能性の拡がりを想像させて、人々を楽しく幸せにさせることも大切な役割です。自民党の政治家たちがずっとやってこなかったことですね。

「子々孫々の繁栄のために」

福山　鳩山総理の演説は、全ての「キックオフ」だと思うんです。僕は、マクロの世界の話と、ミクロの経済的な話、生活が変化するという話が全部結びつくと思うんです。ただ、僕らの説明不足もあってなかなか伝わっていないんですけどね。

宮台　説明不足というより、「普通の国」だったら伝わるものが、「特殊の国」日本では伝わりにくいことがあります。「他の条件が永久に変わらなければ」という思考停止的な「あり得ない仮定」の下で、電力労働者を含めた方々がものを考えてしまうことが、典型的です。

僕らが今見ている世界規模の鬩《せめ》ぎ合いの延長線上で、まず、一〇年後や二〇年後の世界でどんなゲームが行われているのかを予想し、次に、予想されたゲームの中で然々のポジションを取るためには現在これこれの振る舞いをしたほうがよい、と逆算的に考えるべきでしょう。

それを福山さんは、フォアキャスティング的な思考ではなく、バックキャスティング的な思考というふうにおっしゃっておられる。現在に固執して想像力を沈滞させないための工夫ですね。

福山　そうですよね。

宮台　例えばオバマのグリーンニューディール政策も、「どのみち先進各国の流れが変わらない」、ないし「人類の生き残り策は限られている」という前提の下で、バックキャスティング的に、社会と両立するかたちで経済を繁栄させる方向を模索したものだと言えます。

そして、そうした方向に連なる鳩山首相の「二五パーセント削減演説」への拍手喝采。日本の人々も、「どのみち先進各国の流れが変わらない」、ならびに「人類の生き残り策は限られている」という認識を、初めて広く共有したのだと思います。この意義は大変に大きいです。

鳩山さんの演説を新聞で読んだ人はごくわずかでしょうが、さして問題ではありません。それまで自民党政治家と財界首脳とマスコミによって閉ざされていた「外部」の認識が開かれ、それによって「空気」が変わり、「バックキャスティング的思考」が始まりました。

福山 菅副総理の下、検討チームとタスクフォースが立ち上がり中期目標を新たなかたちで実現するためのロードマップ、イメージを国民に伝えるべくつくっていただいています。やはり、それで町がどう変わるのか、家計的にはこういうことで将来的にプラスになるんだということも含めて示さないと、なかなか理解していただけないと思います。

宮台 そうですね。

福山 いまだに政治家の中に、環境を守るために俺らの生活を江戸時代に戻すのかというようなことを言う人がいます。間違っても我々が言っているのは、経済活動をマイナスにしてもいい、という「環境原理主義」みたいな議論では、決してないということです。それは二〇五〇年に向けて、ライフスタイルの転換も含めた、少し格好つけて言えば、希望のシナリオなんですよ。

宮台　「外部」へと開かれ、「空気」が変わり、「バックキャスティング」が始まる。このプロセスの鍵は、「地球環境はこれじゃもうもたない」、ならびに「日本経済はこれじゃもうもたない」という危機意識によって駆動《ドライブ》されることです。その意味で、幕末と似ています。

危機意識の共有は、まさに「現前性」ないし「生々しいもの」に直面することです。だからそのことが、もはや抗えないんだという「空気」を醸成します。「空気」が醸成されれば、財界首脳も電力労働者もその他の方々も、一挙に「自明性」や「慣れ親しみ」の地平を変更します。

福山　産業復興だけではなくて、最終的には愛国っていうことにもなりますよね。

宮台　その場合の愛国とは、昭和天皇が「終戦の詔勅」において語られた「子々孫々の繁栄」のことです。自分たちが今勝てるのか負けるのかっていう話ではありません。昭和天皇がお示しになったように、「子々孫々の繁栄のために、今あえて負ける」勇気も必要なのです。

福山　ええ、だから、実はいいことばかりではなくて、気候変動の問題というのは、もうほんとに長い、厳しいチャレンジなんですよ。

宮台　実にそのとおりだと思います。しかし、だからこそ「子々孫々の繁栄」という価値ある目標が、僕らを勇気づけてくれるのだと思います。

福山 気候変動には、不可逆性がありますから、やはり今すぐ対策を取っても時間的には遅れるわけですよ。そうするとやっぱり異常気象の問題だとか、農業被害というものが目の前に出てくる。それでもやっぱり対策を続けなければいけない。その中でそれぞれの国益があって、国際交渉は現実には続いていく。そのプロセスの中で、今までの立ち位置ではダメだから、しっかりと日本もポジションを持って、その長いチャレンジにトライをしていきましょう。もちろん僕が政治家をやり続けている間に気候変動の問題は解決しないわけですよ。宮台さんも僕も、ひょっとしたら二〇五〇年には生きてないかもしれませんよね。

宮台 九〇歳ですからね。たぶん生きていません。

福山 我々の世代の最低の責任として、グランドデザインを描いてどんどん次の世代にバトンタッチをしていく。最終的には次の世代の人がいろんな微修正を加えながらやっていくことになるわけですけど、そのリレーが、もう始まってるのだという認識ですね。それだけは、分かってほしいと思います。

希望のシナリオ

宮台 その話にちなんで個人的なエピソードを紹介します。僕は小学校を五回転校して六つ行っています。教育関係の講演に行くと、懇親会の席などで転校のことがよく話題になります。

親が子どもにホームベース＝本拠地を与えたいとして、さて、転校はいいのか悪いのか。

慣れ親しんだホームベースが転校によって失われてしまうのは大きなダメージで、その意味では「悪い」。でも物事には両面あります。「良い」面もあるんです。「新しいゲーム」を始められるからです。ゲームが変われば、自己イメージも、尊厳の持ち方も変わります。

僕自身、二回目の転校以降は転校っていいものだと思うようになりました。実際そうおっしゃる方が少なくないんです。ちなみに、そうおっしゃる方々とお話しすると、何回目かの転校で「今度はお笑い系で行こう」と思うようになるらしい（笑）。僕もそうだったんですよ。

そういう意味では、どうも今までのゲームで負けが込んできた感が否めなくなっていた今日このごろ、「さあ皆さん、新しいゲームが始まりました！」とキックオフを宣言されるのは、失地回復、汚名返上、気分一新、希望獲得など、いろんな意味で良いことだと思うんですね。

最後の投資

宮台　さて「子々孫々の繁栄」を期する場合、社会の良きものを——僕の言葉で言えば長らく継承してきた社会的相続財産《ソーシャルヘリテージ》を——子々孫々に残そうという動機が働きます。子々孫々の繁栄を期することと社会的相続財産を護持することとは、ほぼ同義です。
今回の福山さんとのお話でも触れたように、米国の社会的相続財産は、宗教的動機づけです。

ロバート・ニール・ベラーなら「市民宗教《シビルレリジョン》」と呼びます。アングリカンチャーチからの解放や宗教的新天地の建設といった米国の建国史と結びついた、極めて特殊なものです。

欧州の場合は階級ないし階級文化です。南欧の場合は、サンディカリズム的伝統ないし人民戦線的伝統で、労働組合が若者や老人など外部と連帯していきます。記憶に新しいところではフランスの初期雇用契約（ＣＰＥ）をめぐる労働者たちのデモ・スト・集会ですね。

英国の場合は、ダグラス・ハード男爵のいうヴィクトリア朝的伝統。サッチャー政権以前の「揺籠《ゆりかご》から墓場まで」なる物言いは、貴族が救貧院をつくり、孤児院をつくり、病院をつくり、学校をつくり、といった、領民のための大盤振る舞いによって名誉を獲得する伝統に由来します。

ドイツの場合は、狭い意味での談合主義《コーポラティズム》、すなわち労使協調路線の伝統です。これは、マイスター制度で知られるような、職能集団ごとの強力な階梯《かいてい》的コネクションを背景にします。例えばＢＭＷは自らが設立したデザイン学校で大量のデザイナーを養成しています。

変わったところでは北欧各国の自然信仰があります。僕が幼少のころ、スウェーデンの初交年齢が低いのは「進んで」いるからだと教わりましたが、やや違う。森と共生して生きる古くからの村落的作法を意識的に保とうとする志向に由来し、だから環境先進国になるのです。

これらの社会では、「自分たちの社会的相続財産を保全しよう」と言えば、直ちに具体的なイメージが浮かびます。日本もかつては浮かびました。それは「国土と結びついたふるさと」です。日本では米国や欧州のような社会的相続財産はないが「ふるさと」がありました。そのことに注目したのが民俗学者で農政学者の柳田國男でした。日本には血縁主義や市民宗教や階級文化がないけど、国土への愛着があると考えました。あえて簡単に言えば「便利で豊かな町に引っ越そう」と思うのでなく「この町を便利で豊かにしよう」と思う志向です。
ところが、「国土と結びついたふるさと」を、日本人は……。

福山　ぶち壊しちゃいましたからね。

宮台　そうです。だから、若い世代に「国土を保全しよう」と呼びかけても、よく意味が分からないという事態になっています。北方領土や尖閣《せんかく》諸島のことかなと勘違いされるケースも珍しくありません。社会的相続財産をイメージできないのは、極めて憂慮される事態です。

福山　だから、前原さんのダムを全部見直すというのは、非常に象徴的な意味で言うと、人工的なものではなくて、自然の回復力とか自然の保水力みたいなものに依拠する国土に帰っていきましょうというメッセージと同じなんです。
だけど、それは原体験のイメージがないから、我々はそのことを提示するときに、実は無駄遣いをやめるためにダムをやめましょうという理屈にならざるを得ないんですよ。しかし、深層心理に訴えるのは、おそらく別のメッセージなんだと、僕は思ってるんですよね。

宮台　ダム反対運動のルーツは、無駄遣いうんぬんじゃなく、「国土と結びついたふるさと」を守ろうという話だったはずです。そういえば、民主党の主張も、税金の無駄遣いの文脈で議論されてきていますよね。

福山　もともとダムに反対していた人たちは、どこかで自然を守るとか、そういう根っこだったはずなんですよ。

宮台　そう。税金の無駄遣いという文脈で言うなら、コンクリートダムの寿命は長くて一〇〇年です。国交省もそう言っています。コンクリートダムは壊すのに建設の数倍のコストがかかります。ならば民主党が二〇〇〇年ごろから主張する「緑のダム」構想に切り替えるべきです。

日本では、自然海岸がことごとくなくなって、護岸されています。護岸は、人工堤防といって、一般のダムと同じく、コンクリートによってなされています。

福山　テトラポッドとかですね。

宮台　そうです。ところが、沖縄の一部離島を中心に、人工堤防を自然堤防に変えようという動きがあり、それはそれで一つの投資になっています。ケインズが、一回穴を掘って、それを埋めるのも公共投資だと言ったことを思い出しますが（笑）、真面目な話でもあります。

だったら、コンクリートダムの建設計画のあるところは、森林の強大な保水力に注目した「緑のダム」構想にシフトするべきでしょう。これはこれで公共投資ですけれども、コンクリートダムと違って、一〇〇年経ったら数倍の費用をかけて取り壊す必要など、一切ありません。

福山　そうですよ。だからそれは干ばつ対策もちゃんとやる、中山間地もちゃんと守る、そのことによって、鳥獣が町に出てきて農作物を荒らさないような、ちゃんと仕組みをつくって、自然に回帰をしていくというのも非常に重要な要素なんですね。

宮台　ただ、日本の場合、何もしないことが自然だ、みたいな通念も一方にあります。でも、中山間地を含めた里山の風景は、入会地《いりあいち》に限らず、そこで生活する人々が、まさしく生活のために熱心に手を入れ続けることによって保たれてきたものです。それを思い出しましょう。

むろんそれだけでは解決できません。というのは、今となっては「国土保全」といっても、保全するべき国土がすでに荒廃し切っている現実が拡がっているからです。ならば、「国土保全」は「国土再建」を意味せざるを得ません。ただしコンクリートでなく緑を使うものです。

先に紹介した、沖縄での人工堤防の自然堤防化は、大手コンストラクターが技術の粋を集めて取り組んでいるものです。その意味で、「緑を使った国土再建」こそは、遠い将来にわたって、最後の、そして最大の……。

福山　投資かもしれない。それはイコール農業にも、全部直結しますから。そうすると食料自給率の向上にも直結しますから。

宮台　そうなんですよ。

福山　つまりそういうふうなパラダイムのチェンジを始めるということなんだと、僕は思うんですよね。

宮台　日本人は馬鹿マスコミのせいで物事を短絡しがちになっていますが、公共事業がいけないわけじゃない。ダムにもいろんなダムがある。護岸にもいろんな護岸がある。想像力を豊かにすることで、公共事業を、従来とは比較にならない「良きもの」にもできるのですね。

これからの政治は、単なる権益配分ではあり得ません。破壊されてしまった国土を再建し、「国土と結びついたふるさと」を回復し、僕らの感情的安全を保障してくれるホームベースを取り戻すことです。それは自分たちだけでなく、子々孫々のためでもあるのです。

新しいゲームの始まり

福山　最後にどうしても言っておきたいことがあります。今回の選挙結果について、国民の皆さんに自信を持ってもらいたいんですよ。自らの意思で変えられたんですよ。それも戦後六十数年間変わらなかったことを、この世代の人たちが初めてチャレンジしたということです。その世代だという、自覚と自信を持っていただければ、それは直接未来への希望につながるはずなんです。

宮台　そうですね。

福山　それは、政治家が変えたんじゃないんです。国民が変えたんです。政治家は道具なんですよ。面白い現象はですね、いろんな意味でパラダイムが変わったと。そのパラダイムが変わったことに、みんなどこかで気づき出していると思います。テレビの画面を通じて、ひょっとしたら変わったのかもしれないって気づいている人がたくさん出てきている。既得権益に縛られたり、今までの構造の中に組み込まれている人ほど、その気づき方が遅いかもしれませんが。

宮台　福山さんのお話を聞いて思い出したんですが、僕は、日本で「人格改造セミナー」と呼ばれたこともある「アウェアネス・トレーニング」の訓練を、かつてあれこれ受けました。交流分析、ゲシュタルト療法、神経言語プラグラミングなど、いろんなメソッドの訓練です。

簡単に言えば「行為や体験を規定している潜在的なフレームを書き換えることで、自明性や規範性の縛りから自由になる」ためのものです。このフレームは、メソッドによって、神経言語プログラムとか、フレームとか、ストーリーとか、スクリプトなどと呼ばれてきました。

僕はこれが日本で「人格改造」と称されるのが不満でした。潜在フレームを書き換える程度のことで人格は変わらないからです。人格を含めたリソースの使い方が変わるだけ。分かりやすく言えば、自信がつくことと人格が変わることとの間には、何の関係もないのです。

エグゼクティブの仕事や芸術家のパフォーマンスは、米国的には平時のフレームではなく非常時のフレームで行うべきもの。非常時のパフォーマンスを極限まで上げるべく、平時のリソースをどう組み換えるか。だからこそアウェアネス（気づき）の訓練と呼ばれるのです。
社会学では「再帰性」と呼びますが、意識的に選択できるものの領域を拡げる訓練です。それが日本では「人格改造」として受け入れられてしまった。劣等感を持つ人々相手のマーケティング戦略もあるけど、そうした戦略が機能する背景に極めて日本的な文脈があります。
改元観念に象徴されるような「空気の一新」「丸ごとの変化」という祝祭と結びついた原初的観念が支配しやすく、かわりに「リソースを組み換えてパフォーマンスを上げる」という戦略的観念がなじみにくいのです。だから単なる「アウェアネス」が「人格改造」になるのです。

福山　リソースを組み換えろっていうことですね。

宮台　人格システムと同じく、社会システムもそう。日本社会が使えるリソースはこれから大して変わらない。でもリソースを組み換えられる。組み換えればパフォーマンスは一変する。あたかも人格ならざる社会が変わったかのように。だから組み換えろという話です。

福山　じゃ政権交代っていうのは、リソースを組み換えますよっていう宣言なんですよね。まさに宮台さんのおっしゃるとおりだと、僕も思いますね。先日、タクシーに乗ったら運転手さんがすぐに僕だと気づいて、とにかく、ありがとう、ありがとうと言われるんです。とても恐縮したんですけど、政治家の僕の立場で言うと、ありがとうと言うのは、こちらの台詞で、政権交代に力を貸してくれてありがとうございましたと言ったら、違うんだと。鳩山総理の演説を見て、あ、こういう日本があったんだということを見つけて、前原さんの八ッ場をやめると毅然《きぜん》と言った姿を見て、戦っている政治家がいるんだから、自分らも頑張ろうやって、親子で話したっていうわけですよね。これは完全に組み換えただけなんですよ。

宮台　ほんとそうですね。

福山　その組み換えた映像を、見ていただいていることで、この三、四年、もう日本はちょっとダメなんじゃないかと思っていた空気が、かすかに雲の中から晴れ間みたいなものが見えて、その向こうに、それこそもう一度、坂の上の雲を見つけるスタートができるのではないかという感じなんです。

宮台　そうですね。なんとなく僕らの周りも明るくなりました。

福山　それ、一番うれしい表現なんですよね。政権が代わった途端、みんなが下を向き出したって言われたら、なんとも……。どういうことかというと、組み換えが起こって、タブーがなくなり、今まで言えなかったことが言えるというのは、別の選択肢というか、別の景色がみんなに見えてきたということなんだと思うんですよね。

宮台　ベルリンの壁が崩壊して東西冷戦体制が終わったのと似ています。先ほど東独の話が出たけど、東西統一で経済的な大混乱に陥りました。一部は今も続いている。この混乱に題材をとった映画が多数つくられ、僕は監督のインタビューもしました。そこで気づいたことがあります。

ドイツ統合に伴う大混乱にもかかわらず、ベルリンの壁は壊れるべきじゃなかったという人は皆無に近いんです。なぜか。歴史の必然だという諦観《ていかん》や、必然に棹さそうという矜持もあります。でも最大のものは、「自由に物を言っても構わない」ということなんですね。

先ほどお話ししたニクラス・ルーマンという旧西独の社会システム理論家が強調していますが、崇高なるものへと統合されることによる尊厳。自由に物が言えて行動ができる中で自分自身の試行錯誤で培《つちか》った自己信頼としての尊厳。どちらが強力かといえば、圧倒的に後者だというんですよ。

福山 そうそう。

宮台 「統合」も尊厳を与えますが「自己信頼」も尊厳を与え、後者のほうが強力です。前者は所属先が消滅した途端に終わるけど、後者は履歴のみに依存するので、所属先の如き文脈から自由だからです。実際、企業が倒産し地方が疲弊する中、人々の尊厳の抱き方が変わってきました。

タクシー運転手さんの言葉にもそれが表れています。ＮＨＫで番組をつくっている僕の知り合いたちも元気になりました。別に新しいことをやり出したわけじゃない。今までどおりのことをやっている。でも「何を言ってもいいんだ」と思えるようになったことが大きいんですね。

長年続いた「自民党政治的なるもの」の中で、変わることのない「自明性」が支配していると思えた時代には、何かやろうとしても「そんなのあり得るわけないよ、青臭いなあ」などと言われていたことが、「あり得る」ことになった。そのことがすごく大きいと思います。

福山　政治的には、例えばマニフェストが実現できるかできないかとか、僕なんかがインタビューを受ければ、よくある「予算編成は何月までにできますか」とか、「できなかったらどう責任とるんですか」みたいな話は、確かに重要なんですよ。約束をしたという点で言えば、前半に申し上げたように、そこを崩したら僕らの正統性はなくなるんですが。

しかし、俯瞰《ふかん》して見れば、この自民党の長期政権を有権者の意思によって、投票行動によって変えたと。この景色が見え出したということは、有権者も本能的に感じておられるんだと、僕は思うんです。このことはとてつもなく大きい。

一方で、僕らは、政治家が変えたとか、政治家に力があるんだと勘違いしては、絶対に間違うんですよね。

宮台　微妙ですよね。僕らはやっぱり二〇〇五年の総選挙を忘れちゃいけない。あれだけ期待した小泉改革なるものの顚末《てんまつ》。あの時「自民党をぶっ壊す」小泉自民党を選んだことで「国民が変えた」と思い込んだんですよね。しかし、あれほど大きな勘違いはありませんでした。

勘違いの背景には複数の要素があります。幾つかはこの対談でも分析してきました。でも今の話の流れでは、やはり「僕らはリソースを変えられない、リソースを組み換えるしかできない」ということが、極めて重大な要素として絡んでいることに気づかざるを得ません。

福山 そうです。

宮台 組み換え方を誤解すると、元の木阿弥《もくあみ》になってしまいます。もう少し詳しく言うと、僕らがリソースを総取り替えできれば、「二度と元の時代に戻ることはありません」と言い切ることもできます。でもリソースの総取り替えなんて、人格にせよ社会にせよ、一切あり得ない。

リソースは変わりません。先ほどの言葉で言えば、社会ごとの社会的相続財産の何たるかも変わりません。その意味では「絶望」するしか——「覚悟を以て引き受ける」しか——ありません。でも「リソースの組み換え次第でなんとかなる」というところは「希望」なんです。

福山 そうですね。

宮台 僕は映画批評とはまた別に大衆文化史をやっていますが、戦前から戦後にかけての大衆文化の完全な連続性（詳細は『サブカルチャー神話解体』第三章）を知るにつけても、体制が一変したかのように見えつつ、実はリソースは変わらないことが、実によく分かります。

だから、野口悠紀雄の「一九四〇年体制論」や戦前と戦後との間に総動員体制的な連続性を見出すオーソドックスな議論に見られるように、それは高度経済成長をもたらした成功要因であるのと同時に、敗戦に至る失敗を再び繰り返す可能性を温存したまま今に至ったのです。

敗戦後は占領されて改憲され、確かに「心機一転」しました。心機一転ということで全てが新しくなったと思い込みやすく、何か変わらないものを見ると、焦って噴き上りがちになります。太陽族から全共闘までの流れにそれを見出せます。そこは僕らは歴史に学ぶべきです。

福山　そうです。結果をすごく短期間で求めがちになるんですよね。

宮台　だから、昔の日本人のように――僕の祖母の口癖でしたが――「そんなに簡単に物事が変わるわけがない」と思う以外ない。ただ、真の問題に気づいた人がだんだんと波紋のように拡がって、じわじわと変わっていく。そのことを信頼して前に進むしかないのだと思うわけです。

福山　組み換えたリソースが完璧に機能するとは限らないわけですよね、宮台さんが言われたように。そこで組み換えたリソースに対して、もう一度お任せ民主主義をやれば、組み換えたリソースは、リソースは変わらないわけだから、結果は大して変わらないかもしれない。

しかし、組み換えたリソースに今度はお任せ民主主義ではない政治参加の形態も僕らは取り入れつつあります。先ほど僕が冗談みたいに言った、携帯電話で僕らはつながる人たちがいっぱい出てきていますと。それから役人との関係も変わっていますと。自民党に比べれば、僕らは直接、大臣も副大臣同士も議論できますと。

そういう流れの中で、どうその参加や、組み換えたリソースを自分らでもっと良くするために、改良していくんだと。それは時間がかかるかもしれないけども、やり続けるんだ、監視を続けるんだという、決意も国民の皆さんに持っていただきたい。

　私は、そんなにすぐに変わるものだとは思わないんです。さっきも申し上げたけど、民主主義のコストは時間なんですよ。民主主義というのは、時間かかるんですよ。でも、面白いところに立っているなっていう、すごいワクワク感はあります。

宮台　同感です。変わらずに使えるリソースの一つに、「あんた取り残されているよ」って言われるのを嫌うという「空気の支配」があります。「面白いから参加しな」と誘いながら、他方で「あんた取り残されてる」「あんたすでにKYだよ」って脅し上げる戦略も重要です。

　幸いなことに、日本的なリソースの不変性ゆえに、そこではイデオロギッシュな固執は、まず生じません。何度も言うけど「鬼畜米英」が、翌日から「アメリカさん、ありがとう！」になります。日本的なリソースが変わらないことを、そのように積極的に解釈すべきです。

福山　「政治が変わる」というのは一般的に言いますよね。「改革」も言いますよね。しかし政治のゲームのルールが変わるというのは、実はあんまり表現としてないんですよ。つまり、自民党的なものはまだ残っているんだけど、そのルールはもう変わったから、そこにはとらわれなくていいですよって話なわけですよ。だから改革とか政治の変革とかいう言葉に代えて、今はルールが変わったんです。

宮台　そうです。ただ福山さん、かつてマーケッターだった僕から言わせていただくと、米国流のルール主義が皆無の日本で、「ルール」という言葉はなじみにくい。キャッチフレーズにするのであれば、「皆さん、新しいゲームが始まりました！」ではいかがでしょう（笑）。

福山　そう、新しいゲーム、そうですね。新しいゲームが始まったっていうほうがいいですよね。

宮台　国民の方々、特に若い世代の方々に、そう思ってもらえれば、「政治家になる」ということの意味も違ってきます。従来の自民党政治であれば「誰が政治家なんかになるかよ」という腐ったイメージがありましたが、それは過去のもの。こんなに面白い仕事はありません。

福山　僕は、最高に面白いと思いますね。僕、政治家になってて、ならなきゃよかったなんて思ったこと一回もないですよ。

宮台　そのことをとりわけ若い人たちに伝えたいというのが、福山さんと僕が本書を出版するに際しての最大の思いです。福山さんを見てください。この方には地盤もコネもない。何もない中で「みんなを幸せにする」という一番やりたいことをやっておられる。幸せそうです。

福山　全然しがらみないですから（笑）。

あとがき

鳩山内閣の外務副大臣に就任して、はや一ヶ月余り……。

副大臣として初の訪米を終えた機中で、このあとがきをしたためている。目的は気候変動問題に関する情報収集と意見交換。ややオーバーな表現ながら、日本を背負って、トッド・スターン米国務省気候変動担当特使や潘基文《パン・ギムン》国連事務総長等との会談を重ねた緊張感と安堵《あんど》感が、身体《からだ》中に拡がっている。

気候変動問題は、総じて外交であることを改めて痛感した。同時に、幾つかの懸案を抱えている日米双方にとって、この問題を通じての新しい協力のかたちを模索することは少なからず有益であることも感じた。グリーンニューディールを掲げたオバマ大統領と、国連気候変動サミットで高らかに「温室効果ガス二五パーセント削減」を明言し、外交デビューを果たした鳩山総理だからこそその変化が起こっている。両政権ともに課題を抱えながらも、確実にパラダイムは変わりつつある。

宮台真司さんは、現代社会に起こっている現象を僕らに鋭くそして分かりやすく（?）説明をしてくれる秀逸な社会学者である。僕ら政治家は日々、社会の矛盾や利害調整の現場に立ち会っている。例えば、僕が初当選して間もないころは、ストーカーについての相談が事務所に相次いだし、ここ数年は中小企業の資金調達の困難を感じさせる問い合わせが増えている。悲しいことだが、自殺も減る兆しはない。「なぜ、こんな状況が続くのか。何が原因なのか。いったいこれは何を意味しているのか……」と漠然と答えを出せずに考え込んでいる僕らに、いつも宮台さんは、明快な言葉で語りかけてくれる。

何度、宮台さんの本を読んで、「そうか!」と膝《ひざ》を打ったか分からない。ここ数年、夜中に酒を飲みながら、宮台さんの話を伺い、目からウロコ状態になることもしばしばであった。僕にとって、ありがたいことに宮台さんの切り口は一つの羅針盤のようなものである。

これまであたかも所与のものとして扱われてきた「常識（?）」には、僕にとって納得できないことが数多く存在していた。

自民党が政権を持っていた時代に、語られていた様々な「政治」についての「常識」を覚えている読者も、まだいるかもしれない。

「政権交代」は、そうした「神話」がいかに根も葉もないものだったかを明確にした。

この対談も、強い民意の力によってなされた政権交代の意味をいかに国民に伝えるか、あれこれと悩んでいた僕に宮台さんから「私がサポートしますよ」と快くお申し出くださり、多忙な宮台さんの時間をいただいて、実現したものである。

僕の稚拙な言葉を宮台さんが巧みにフォローしてくださり、なんとか対談が成立した。少しでもこの対談を通じて、読者に、日本政治の景色が変わり、パラダイムが変わったことを感じてもらえればこれに勝る喜びはない。

しかし、それは決していいことばかりではない。政治家にとっても、いわんや国民にとっても厳しい現実が待ち構えている。これまでのルールで通用したものが、しなくなる。選挙で政権交代を選択した国民自身にとって自らの責任の領域が拡がっていることを意味する。試行錯誤の連続がもう始まっているのである。

日本にとって、この政権交代がいたずらに新たな苦しみを生み出すにすぎないものなのか、新しいチャレンジへの喜びと希望の扉になるのかは、政治家と良識ある有権者のまさに協同作業の結果にかかっている。

一二月のコペンハーゲンのCOP15に間に合わせるように、この本の出版を快諾いただいた幻冬舎社長・見城徹氏には、心から御礼を申し上げたい。なかでも、長時間の対談にお付き合いいただき、昼夜を問わず編集作業にご尽力くださった、幻冬舎の穂原俊二、フリー編集者の河村信の両氏にはいくら感謝しても足りないほどだ。また、宮台真司さんには、感謝と尊敬の気持ちでいっぱいである。これに懲りず、友人として今後もご指導賜りたい。

最後に、これまで以上に多忙となり、顔を合わす機会が減ってしまっている三歳の長男・光太郎と、僕を政治の場に押し上げ、ここまで育ててくださった京都の有権者にこの本を捧《ささ》げたい。

平成二一年一一月　　　　　　　　　　　福山　哲郎

著者略歴

宮台《みやだい》　真司《しんじ》

一九五九年宮城県生まれ。京都府育ち。社会学者、映画批評家。首都大学東京教授。公共政策プラットフォーム研究評議員。東京大学大学院人文科学研究科博士課程修了（社会学博士）。『日本の難点』（幻冬舎新書）、『14歳からの社会学』（世界文化社）、『〈世界〉はそもそもデタラメである』（メディアファクトリー）、『制服少女たちの選択』（朝日文庫）など多数。

福山《ふくやま》　哲郎《てつろう》

一九六二年東京都生まれ。外務副大臣。参議院議員（京都、当選二回）。同志社大学法学部卒業、京都大学大学院法学研究科修士課程修了。京都造形芸術大学客員教授。参議院環境委員長、民主党政調会長代理を歴任。党マニフェスト作成に継続的に関わる。論稿に「新しい政治文化をつくりたい」「民主党参院政審会長の〝与党〟はつらいよ日記」（月刊『論座』）など。

幻冬舎新書 151

民主主義が一度もなかった国・日本

二〇〇九年十一月三十日 第一刷発行
二〇〇九年十二月 十 日 第二刷発行

著者 宮台真司＋福山哲郎

発行人 見城 徹
編集人 志儀保博
発行所 株式会社 幻冬舎
〒一五一-〇〇五一 東京都渋谷区千駄ヶ谷四-九-七
電話 〇三-五四一一-六二一一（編集）
〇三-五四一一-六二二二（営業）
振替 〇〇一二〇-八-七六七六四三
ブックデザイン 鈴木成一デザイン室
印刷・製本所 中央精版印刷株式会社

検印廃止

Printed in Japan ISBN978-4-344-98152-2 C0295
み-3-2

幻冬舎ホームページアドレス http://www.gentosha.co.jp/
＊この本に関するご意見・ご感想をメールでお寄せいただく場合は、comment@gentosha.co.jpまで。

幻冬舎新書

宮台真司
日本の難点

すべての境界線があやふやで恣意的（デタラメ）な時代。「評価の物差し」をどう作るのか。人文知における最先端の枠組を総動員してそれに答える「宮台真司版・日本の論点」、満を持しての書き下ろし!!

荒岱介
新左翼とは何だったのか

なぜ社会変革の理想に燃えた若者たちが、最終的に「内ゲバ」で百人をこえる仲間を殺すことになったのか?! 常に第一線の現場にいた者のみにしか書けない真実が明かされる。

佐伯啓思
自由と民主主義をもうやめる

日本が直面する危機は、自由と民主主義を至上価値とする進歩主義＝アメリカニズムの帰結だ。食い止めるには封印されてきた日本的価値を取り戻すしかない。真の保守思想家が語る日本の針路。

紺谷典子
平成経済20年史

バブルの破裂から始まった平成は、世界金融の破綻で20年目の幕を下ろす。この20年間を振り返り、日本が墜落した最悪の歴史とそのただ1つの原因を解き明かし、復活へ一縷の望みをつなぐ稀有な書。